应用型本科院校"十二五"规划教材/控制工程类

主　编　贾鸿莉　王妍玮
副主编　陈泮洁　于　淼　刘　强

自动控制原理习题集

Reference Book of Automatic Control Theory

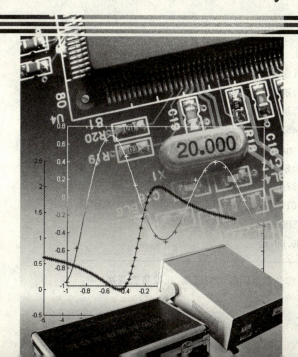

哈尔滨工业大学出版社

内容简介

本书作为自动控制原理的辅助教材，由课程知识点归纳、典型例题及解题技巧和习题组成，习题选取结合知识点由浅入深，使学生举一反三，帮助学生掌握知识要点，学会分析问题、解决问题的技巧，提高复习效率和学习能力。

本书适合普通高等学校本、专科自动化、电子、通信、机电一体化及计算机等相关专业的同步辅导选用，可作为单片机理论教学、实验、课程设计及本科生毕业设计中的教材，也可作为研究生考试的复习资料，还可作为本专业和相关工程技术人员自学的参考书。

图书在版编目(CIP)数据

自动控制原理习题集/贾鸿莉，王妍玮主编. —哈尔滨：
哈尔滨工业大学出版社，2014.7
应用型本科院校"十二五"规划教材
ISBN 978-7-5603-4740-0

Ⅰ.①自… Ⅱ.①贾… ②王… Ⅲ.①自动控制理论—高等学校—习题集 Ⅳ.①TP13

中国版本图书馆 CIP 数据核字(2014)第 098835 号

策划编辑	杜 燕
责任编辑	范业婷
出版发行	哈尔滨工业大学出版社
社　　址	哈尔滨市南岗区复华四道街10号 邮编150006
传　　真	0451-86414749
网　　址	http://hitpress.hit.edu.cn
印　　刷	哈尔滨市工大节能印刷厂
开　　本	787mm×1092mm 1/16 印张 9.25 字数 211千字
版　　次	2014年7月第1版 2014年7月第1次印刷
书　　号	ISBN 978-7-5603-4740-0
定　　价	20.00元

(如因印装质量问题影响阅读，我社负责调换)

《应用型本科院校"十二五"规划教材》编委会

主　任　修朋月　竺培国
副主任　王玉文　吕其诚　线恒录　李敬来
委　员　（按姓氏笔画排序）
　　　　　丁福庆　于长福　马志民　王庄严　王建华
　　　　　王德章　刘金祺　刘宝华　刘通学　刘福荣
　　　　　关晓冬　李云波　杨玉顺　吴知丰　张幸刚
　　　　　陈江波　林　艳　林文华　周方圆　姜思政
　　　　　庹　莉　韩毓洁　臧玉英

序

哈尔滨工业大学出版社策划的《应用型本科院校"十二五"规划教材》即将付梓，诚可贺也。

该系列教材卷帙浩繁，凡百余种，涉及众多学科门类，定位准确，内容新颖，体系完整，实用性强，突出实践能力培养。不仅便于教师教学和学生学习，而且满足就业市场对应用型人才的迫切需求。

应用型本科院校的人才培养目标是面对现代社会生产、建设、管理、服务等一线岗位，培养能直接从事实际工作、解决具体问题、维持工作有效运行的高等应用型人才。应用型本科与研究型本科和高职高专院校在人才培养上有着明显的区别，其培养的人才特征是：①就业导向与社会需求高度吻合；②扎实的理论基础和过硬的实践能力紧密结合；③具备良好的人文素质和科学技术素质；④富于面对职业应用的创新精神。因此，应用型本科院校只有着力培养"进入角色快、业务水平高、动手能力强、综合素质好"的人才，才能在激烈的就业市场竞争中站稳脚跟。

目前国内应用型本科院校所采用的教材往往只是对理论性较强的本科院校教材的简单删减，针对性、应用性不够突出，因材施教的目的难以达到。因此亟须既有一定的理论深度又注重实践能力培养的系列教材，以满足应用型本科院校教学目标、培养方向和办学特色的需要。

哈尔滨工业大学出版社出版的《应用型本科院校"十二五"规划教材》，在选题设计思路上认真贯彻教育部关于培养适应地方、区域经济和社会发展需要的"本科应用型高级专门人才"精神，根据黑龙江省委书记吉炳轩同志提出的关于加强应用型本科院校建设的意见，在应用型本科试点院校成功经验总结的基础上，特邀请黑龙江省9所知名的应用型本科院校的专家、学者联合编写。

本系列教材突出与办学定位、教学目标的一致性和适应性，既严格遵照学科体系的知识构成和教材编写的一般规律，又针对应用型本科人才培养目标及与之相适应的教学特点,精心设计写作体例,科学安排知识内容,围绕应用讲授理论,做到"基础知识够用、实践技能实用、专业理论管用"。同时注意适当融入新理论、新技术、新工艺、新成果,并且制作了与本书配套的PPT多媒体教学课件,形成立体化教材,供教师参考使用。

《应用型本科院校"十二五"规划教材》的编辑出版,是适应"科教兴国"战略对复合型、应用型人才的需求,是推动相对滞后的应用型本科院校教材建设的一种有益尝试,在应用型创新人才培养方面是一件具有开创意义的工作,为应用型人才的培养提供了及时、可靠、坚实的保证。

希望本系列教材在使用过程中,通过编者、作者和读者的共同努力,厚积薄发、推陈出新、细上加细、精益求精,不断丰富、不断完善、不断创新,力争成为同类教材中的精品。

前　言

　　自动控制原理是高等学校控制科学与工程、自动化、机电一体化、电子等相关工科专业必修的一门主干技术基础课程，也是报考这些专业研究生入学考试的必考科目。

　　学习自动控制原理的目的是要掌握自动控制的基本理论和分析设计控制系统的基本技能，进而能够发现、分析并解决工程中的实际问题，同时也为后续专业课的学习打下基础。

　　自动控制原理是一门工程应用非常广泛的基础课程，所讲述的是控制科学与工程中的基本原理。这门课程的特点是理论性较强，与数学的结合比较紧密。在修读本课程之前应熟练掌握大学工科数学、电路理论、模拟电子技术、数字电子技术等课程的相关知识。同时，自动控制原理课程是控制类专业的一门基础课程，是运动控制系统、过程控制系统、自适应控制、人工智能等课程最重要的先修课程。

　　本书具有较强的针对性、启发性和指导性，能帮助读者更系统地掌握这门课程，使他们理解基本概念，掌握基本知识，学会基本的解题方法与技巧。

　　本书共分为5章，分别为自动控制的一般概念、数学模型、时域分析、根轨迹和频域分析，其中第2,3,4章由陈泮洁、于淼、刘强编写；第1,5章由贾鸿莉、王妍玮编写。

　　本书由浅入深、循序渐进地对自动控制原理的解题技巧进行了讲解，基础理论部分论述清楚、条理清晰，应用部分实例来自编者们多年的教学实例和科研、生产实践中的新研究成果。本书还具有以下特点：

（1）基本概念、基本方法、基本原理归纳清晰。

（2）注重前后联系，融会贯通，保持知识的连贯性。

（3）注重理论与实践相结合，习题节选工程实际问题，培养学生实践能力。

（4）注重综合分析，考虑全面，便于学生复习和考研备考。

　　本书可以作为高校自动化专业、机电专业和信息相关专业的自动原理课程、控制工程课程、机械系统控制课程的辅助教材，也可作为研究生考试的参考用书。

　　由于编者水平有限，书中难免有不足之处，恳请广大读者批评指正。

编　者
2014 年 4 月

目 录

第1章 自动控制的一般概念 1
    1.1 知识点归纳 1
    1.2 典型例题 5
    1.3 练习题 10

第2章 控制系统的数学模型 12
    2.1 知识点归纳 12
    2.2 典型例题 24
    2.3 练习题 56

第3章 线性系统的时域分析法 59
    3.1 知识点归纳 59
    3.2 典型例题 69
    3.3 练习题 85

第4章 线性系统的根轨迹法 90
    4.1 知识点归纳 90
    4.2 典型例题 97
    4.3 练习题 115

第5章 线性系统的频域分析法 117
    5.1 知识点归纳 117
    5.2 典型例题 126
    5.3 练习题 134

参考文献 137

第 1 章

自动控制的一般概念

1.1 知识点归纳

1.1.1 基本概念

自动控制 在没有人直接参与的情况下,利用外加的设备或装置(称控制装置或控制器),使机器、设备或生产过程(统称被控对象)的某个工作状态或参数(即被控量)自动地按照预定的规律运行。

自动控制系统 由相互关联、相互作用的一些物体或元部件构成的且具有一定规律的整体,能够完成自动控制的系统。

被控对象 要求实现自动控制的机器、设备或生产过程。

控制装置 对被控对象起控制作用的控制装置总体。

输出量 位于控制系统输出端,并要求实现自动控制的物理量,也称为被控量。

输入量 作用于控制系统输入端,并可使系统具有预定功能或预定输出的物理量。

扰动 破坏系统输入量和输出量之间预定规律的信号。

反馈 将系统的输出量馈送到参考输入端,并与参考输入进行比较的过程。

反馈控制 将系统的输出量与参考输入进行比较,并力图保持两者之间既定关系的控制原理。

前向通道 从给定信号到被控变量的通道。

反馈通道 期望输出值与实际输出值之间的偏差。在反馈控制系统中,参考输入和反馈信号的偏差也称为误差。

1.1.2 反馈控制系统的工作原理

将系统的输出量经测量、变换反馈到输入端,与给定输入相比较得到偏差信号,由偏差信号经控制器产生控制作用,控制作用使偏差消除或减少,保证系统的输出量按给定输入的要求变化。

1.1.3 反馈控制系统的基本组成

闭环负反馈控制系统的典型结构如图1.1所示,其主要元部件说明如下。

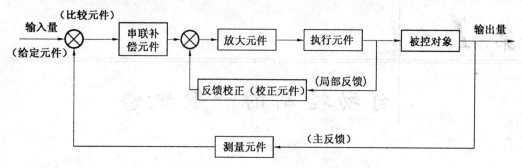

图1.1 负反馈控制系统的典型结构

1. 测量元件

测量元件也称传感器,用于测量被控制量。它的测量值和参考输入进行比较后产生相应的控制信号。

2. 给定元件

给出与被控制量希望值相对应的控制输入信号,即给定信号,这个控制输入信号的量纲与主反馈信号的量纲相同。给定元件通常不在闭环回路中。

3. 比较元件

用于比较控制量和反馈量并产生信号偏差。

4. 放大元件

比较元件产生的误差信号一般比较弱,无法直接驱动被控对象,因此,放大元件对偏差信号进行幅值或功率的放大。

5. 执行元件

接收放大元件提供的功率,直接驱动被控对象,改变被控对象的输出。

6. 校正元件

在系统中引入用于改善其动态、静态性能的附加元件,这种附加元件称为校正元件。校正元件串联在由偏差信号到被控制信号间的前向通道中称为串联校正;校正元件在反馈回路中称为反馈校正。

1.1.4 自动控制系统基本控制方式

1. 反馈控制系统

系统的输出端与输入端存在反馈回路,即输出量对控制作用有直接的影响,这一类系统称为闭环控制系统。如图1.1所示,在系统中,当设定值变化或扰动产生时,就会出现误差信号,从而产生控制作用,以减小系统的误差。当系统中存在无法预计的扰动和参数的变化时,应当采用闭环负反馈控制系统。这种控制方式可使用低成本的元器件构成精确的控制系统。

2. 开环控制系统

开环控制系统是指控制器与控制对象之间只有顺向作用而没有反向联系的控制过程。可分为按给定值控制和按扰动控制两种形式。

(1) **按给定值控制**。原理方框图如图 1.2 所示,信号由给定值至输出量单向传递。一定的给定值对应一定的输出量。系统的控制精度取决于系统事先的调整精度,对工作过程中受到的扰动或特性参数的变化无法自动补偿。结构简单,成本低,多用于系统结构参数稳定和扰动信号较弱的场合。如自动售货机、自动报警器、自动化流水线及自动洗衣机等。

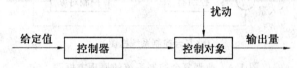

图 1.2 按给定值控制的开环控制原理方框图

(2) **按扰动控制**。原理方框图如图 1.3 所示。这种控制方式的原理是:利用对扰动信号的测量产生控制作用,以补偿扰动对输出量的影响。由于扰动信号经测量装置、控制器至控制对象的输出量是单向传递的,故属于开环控制方式。对于不可测扰动以及对象及功能部件内部参数变化给输出量造成的影响,系统自身无法克服。因此,控制精度有限,常用于工作机械的恒速控制(如稳定刀具转速)以及电源系统的稳压、稳频控制。

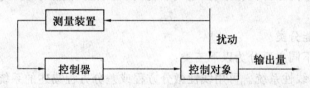

图 1.3 按扰动控制的开环控制原理方框图

3. 复合控制系统

复合控制系统是开环控制和闭环控制相结合的一种控制方式。它是在闭环控制回路的基础上,附加一个输入或扰动信号的顺馈通道,用来提高系统的控制精度。顺馈通道由对输入信号的补偿器或对扰动信号的补偿器组成。原理方框图如图 1.4 所示。

4. 最优控制系统

最优控制系统是使所选的系统性能指标达到极值的一种控制方式。系统性能指标是根据工作要求选定的。例如,对远距离航行的飞行器,选取燃料消耗量作为系统性能指标;对自动导航系统,选取定位误差的均方值作为系统性能指标。最优控制的设计方法主要有极大(小)值原理法和动态规划法。

5. 自适应控制系统

自适应控制系统是能适应环境条件变化而自动调整系统参数或特性的一种控制方式。例如,在金属切削加工的自适应控制系统中,能按照切削材料和刀具的硬度,自动调整车速、进刀速度和切削用量,以达到最高工效。自适应控制主要用于空间技术和复杂生产过程控制中。

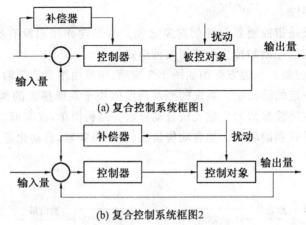

(a) 复合控制系统框图1

(b) 复合控制系统框图2

图 1.4 典型复合控制系统的原理方框图

1.1.5 自动控制系统的分类

1. 按控制方式分类

按控制方式不同分为开环控制系统、反馈控制系统和复合控制系统。

2. 按元件类型分类

按元件类型不同分为机械系统、电气系统、机电系统、液压系统、气动系统、生物采光等。

3. 按系统性能分类

按系统性能不同主要分为以下三类：

(1)线性与非线性系统。可用线性微分方程或差分方程描述的系统，称为线性系统。

线性定常连续系统按其输入量的变化规律可分为恒值控制系统、随动系统和程序控制系统。

①恒值控制系统(镇定系统)：系统的输入量为常值的自动控制系统。要求系统的控制作用能克服扰动的影响使输出量达到期望量。

②随动系统(跟踪系统或伺服系统)：系统的输入量是未知时间函数的自动控制系统。要求系统的输出量按一定关系和精度跟踪输入信号。

③程序控制系统：系统的输入量按已知时间函数规律变化的自动控制系统。要求系统的输出量按预定的规律变化或运动。

如果微分方程或差分方程的系数为常数，则称为线性定常系统；否则为线性时变系统。用非线性方程描述的系统，称为非线性系统。

(2)连续与离散系统。输入量和输出量都是时间连续函数的系统，称为连续系统。在连续系统中，信号在全部时间上都是已知的。若系统中信号有一处或一处以上为离散时间函数，称为离散系统。在离散系统中，信号仅定义在离散时间上。

(3)确定性与不确定性系统。系统的结构、参数和输入量都是确定的、已知的，系统称为确定性系统。反之，当系统本身的结构或参数以及作用于该系统的信号有不确定性或模糊性时，则系统为不确定性系统。现实的工程系统，多为不确定性系统。

1.1.6 对自动控制系统的基本要求

稳定性 要求系统稳定,这是系统正常工作所必须具备的基本条件。

快速性 动态要求。要求系统快速平稳地完成过渡过程,超调量要小,调节时间要短。

准确性 稳态要求。要求系统稳态控制精度高,稳态误差要小。

1.2 典型例题

例1-1 设有由电感 L、电容 C 和电阻 R 组成的电路,如图1.5所示,试列出以输出电压 U_2 为输出变量和以电压 U_1 为输出变量的运动方程。

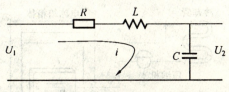

图1.5 RLC电路图

解 根据基尔霍夫定律可写出

$$U_1 = Ri + L\frac{di}{dt} + \frac{1}{C}\int i\,dt \tag{1}$$

$$\frac{1}{C}\int i\,dt = U_2 \tag{2}$$

将式(1)、(2)联立消去中间变量 i,可得

$$LC\frac{d^2 u_2}{dt^2} + RC\frac{du_2}{dt} + U_2 = U_1 \tag{3}$$

例1-2 设有由弹簧-质量-阻尼器机械系统如图1.6所示,试列写出力 F 为输入变量,位移 y 为输出变量的系统运动方程。

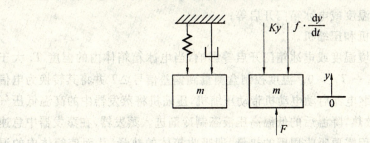

图1.6 弹簧-质量-阻尼器机械系统示意图

解 在机械平移系统中,根据牛顿定律有

$$ma = \sum F \tag{4}$$

其中

$$a = \frac{\mathrm{d}^2 y}{\mathrm{d}t^2}$$

写出方程为

$$m\frac{\mathrm{d}^2 y}{\mathrm{d}t^2} = F - f\frac{\mathrm{d}y}{\mathrm{d}t} - Ky \tag{5}$$

式中，$f\dfrac{\mathrm{d}y}{\mathrm{d}t}$ 为阻尼器的黏性阻力；Ky 为弹簧的弹性阻力。

得到系统的运动方程为

$$m\frac{\mathrm{d}^2 y}{\mathrm{d}t^2} + f\frac{\mathrm{d}y}{\mathrm{d}t} + Ky = F$$

例 1-3 试分析如图 1.7 所示家用电冰箱控制系统，并画出温度控制系统的原理方框图。

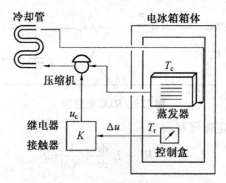

图 1.7 电冰箱控制系统示意图

解 (1)电冰箱工作原理分析。

控制任务：保持电冰箱箱体温度不变。

被控对象 —— 电冰箱箱体；

被控量 —— 箱体的温度 T_c；

给定输入 —— 给定温度 T_r（T_r 通过箱体内控制盒旋钮给出或通过按键设定）；

干扰输入 —— 环境温度或电冰箱门开启等；

执行元件 —— 电动机和压缩机。

工作原理：由于受环境温度或电冰箱门开启等影响，当电冰箱箱体内的温度 T_c 大于给定值 T_r 时，则 $\Delta T = T_c - T_r > 0$。温度控制盒测量到偏差信号 ΔT 并将其转换为电信号 Δu，Δu 通过接触器和继电器启动电动机带动压缩机，压缩机将蒸发器中的高温低压气态的制冷剂送入冷却管散热，降温后的低温高压液态制冷剂进入蒸发器，在蒸发器中急速降压扩散为气态，这个过程需要吸收周围的热量，即吸收箱体的热量，从而使箱体内的温度降低。压缩机又将蒸发器中的高温低压气态的制冷剂送入冷却管散热……如此循环往复，直至 $\Delta T = T_c - T_r = 0$，即箱体内的温度 T_c 等于给定值 T_r，使 $\Delta u = 0$，电动机、压缩机停止工作。

(2)电冰箱温度控制系统原理方框图。

根据以上分析，可绘制电冰箱温度控制系统原理方框图，如图 1.8 所示。

第1章 自动控制的一般概念

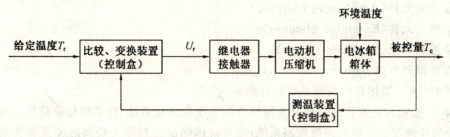

图 1.8　电冰箱控制系统原理方框图

例 1-4　水箱液位控制系统结构图如图 1.9 所示。运行中无论用水流量如何变化（由开关 l_2 操纵），希望水面高度（液位）H 保持不变。

(1) 简述工作原理。

(2) 画出系统的原理方框图，并指明被控对象、被控量、给定值和干扰。

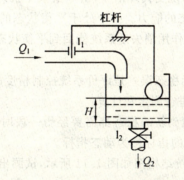

图 1.9　水箱液位控制系统结构图

解　控制任务：保持液位 H 不变。

工作原理：当开关 l_2 开大时，出水量 Q_2 增大，液位 H 下降，因此浮子下降，通过杠杆的作用使开关 l_1 开大，进水量 Q_1 增大，从而保持液位 H 不变。对其他情况可作类似分析。

被控对象 —— 水箱；

被控量 —— 液位 H；

干扰 —— l_2 的变化；

执行元件 —— 杠杆，开关 l_1。

系统原理方框图如图 1.10 所示。

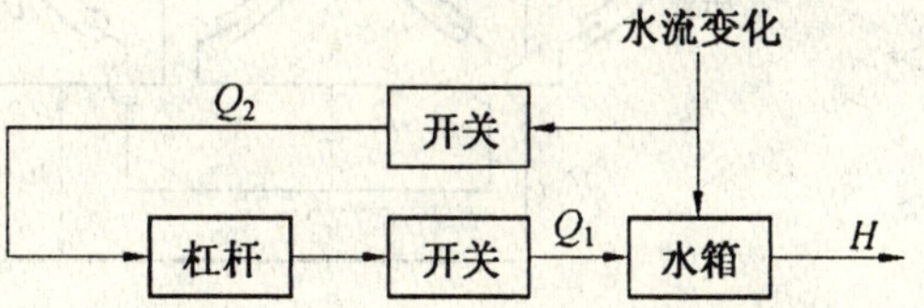

图 1.10　系统原理方框图

例 1-5　什么是自动控制？

解　所谓自动控制，就是在没有人直接参与的情况下，利用控制装置，对生产过程、工艺参数、目标要求等进行自动的调节与控制，使之按照预定的方案达到要求的指标。

例 1-6　开环与闭环控制的定义是什么？

解　设有反馈环节的，称为闭环控制系统；不设反馈环节的，则称为开环控制系统。

例 1-7　简述自动控制系统的组成。

解　① 给定元件（Command Element）。

② 检测元件（Detecting Element）。

③ 比较环节（Comparing Element）。

④ 放大元件(Amplifying Element)。

⑤ 执行元件(Executive Element)。

⑥ 控制对象(Controlled Plant)。

⑦ 反馈环节(Feedback Element)。

例 1－8 简述自动控制系统的分类。

解 按输入量变化的规律分为恒值控制系统和随动系统；按系统传输信号对时间的关系分为连续控制系统和离散控制系统；按系统的输出量和输入量间的关系分为线性系统和非线性系统；按系统中的参数对时间的变化情况分为定常系统和时变系统。

例 1－9 简述自动控制系统的性能指标、系统的稳定性、系统的稳态性能指标和系统的动态性能指标。

解 （1）系统的性能指标包括动态性能指标和稳态性能指标。

（2）系统的稳定性是指系统受到外信号（给定值或干扰）作用后，其抵抗动态过程的振荡倾向和系统恢复平衡状态的能力。一个处于平衡状态的系统，在外信号作用下偏离了原来的平衡状态，当外信号作用消失后系统能回到平衡状态，则这样的系统是稳定的。否则，系统不稳定。

（3）系统的稳态性能指标稳态误差是评价系统控制精度的指标，通常在阶跃信号、斜坡信号和抛物线信号作用下进行测定和计算。

（4）系统从一个稳态过渡到新的稳态都需要经历一段时间，亦即需要经历一个过渡过程，表征这个过渡过程性能的指标称为动态指标。

例 1－10 位置伺服系统结构图如图 1.11 所示，试画出系统的原理方框图。

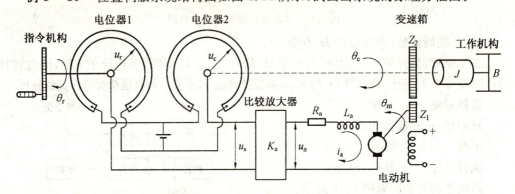

图 1.11　位置伺服系统结构图

解 位置伺服系统原理方框图如图 1.12 所示。

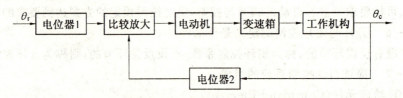

图 1.12　位置伺服系统原理方框图

例 1－11 画出如图 1.13 所示的数控机床工作台驱动系统的结构图对应的原理方框图,并判断系统类别。

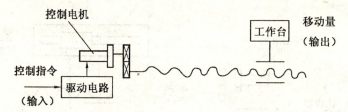

图 1.13　数控机床工作台驱动系统的结构图

解　数控机床工作台驱动系统原理方框图如图 1.14 所示。

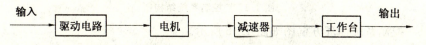

图 1.14　数控机床工作台驱动系统原理方框图

该系统为开环控制系统。

例 1－12　炉温控制系统结构图,如图 1.15 所示,画出系统的原理框图,并指明其类型。

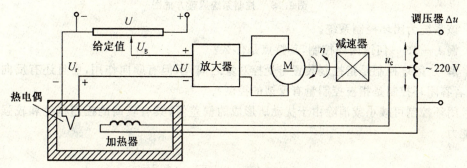

图 1.15　炉温控制系统结构图

解　炉温控制系统原理方框图如图 1.16 所示。

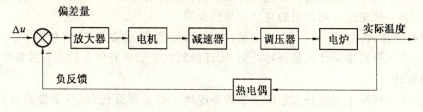

图 1.16　炉温控制系统原理方框图

例 1－13　何谓开环控制,其特点是什么?

解　开环控制是指没有被控量反馈的控制,即控制装置与被控对象之间只有从输入到输出的顺向作用而无从输出到输入的反向联系。其特点是系统结构和控制过程简单;抗干扰能力差,控制精度低,用于控制性能要求不高的场合。

例 1－14　试画出图 1.17 所示控制系统结构图对应的原理方框图,并判断控制系统的类别。

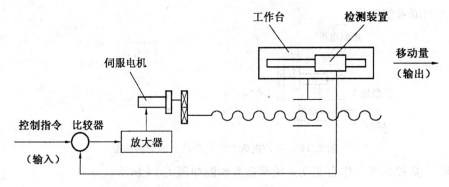

图 1.17 控制系统结构图

解 控制系统原理方框图如图 1.18 所示。

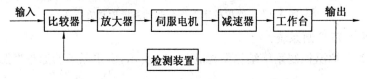

图 1.18 控制系统原理方框图

该系统为闭环控制系统。

例 1－15 何谓闭环控制,其特点是什么?

解 闭环控制是指控制装置与受控对象之间,不但有顺向作用,而且还有反向联系(或者答闭环控制是指被控制量有反馈的控制)。

闭环控制可减小或消除由于扰动所形成的偏差值,具有较高的控制精度和较强的抗扰能力。

1.3 练 习 题

1－1 机电工程控制所研究的对象及其任务是什么?

1－2 试阐述下列术语的意义并举例说明:

被控对象;控制器;输入量;输出量;控制量;反馈量;偏差量;干扰量。

1－3 分别说明什么是开环控制、闭环控制?它们各有什么特点?并各举一例说明其控制原理。

1－4 判断下列微分方程所描述的系统属于哪一类系统(线性定常系统、线性时变系统还是非线性系统)。式中 $x_i(t)$ 为输入信号,$x_o(t)$ 为输出信号。

(1) $4\dfrac{\mathrm{d}x_o(t)}{\mathrm{d}t} + 6\displaystyle\int_0^t x_o(\tau)\mathrm{d}\tau + 5x_o(t) = x_i(t)$;

(2) $\displaystyle\int_0^t x_o(t) = 2x_i(t) + t\dfrac{\mathrm{d}^2 x(t)}{\mathrm{d}t^2}$;

(3) $7\dfrac{\mathrm{d}x_o(t)}{\mathrm{d}t} + [x_o(t)]^2 = x_i(t)$;

(4) $7\dfrac{\mathrm{d}x_\mathrm{o}(t)}{\mathrm{d}t}+x_\mathrm{o}(t)\sin\omega t=x_\mathrm{i}(t)$。

1-5　图 1.19 为一控制切削刀具位移的机床控制系统。说明其属于何种类型的控制系统？

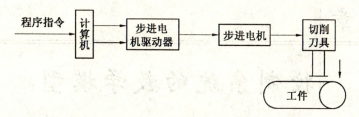

图 1.19　机床控制系统

1-6　速度伺服控制系统如图 1.20 所示，要求：

(1)画出系统原理方框图，并指出系统中的给定输入量、被控制量、扰动量、被控对象和控制器；

(2)说明系统的工作原理。

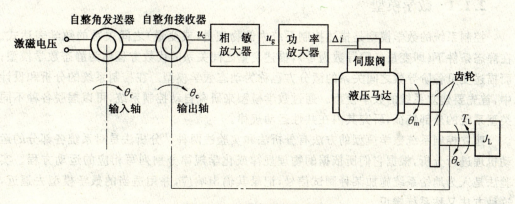

图 1.20　速度伺服控制系统

1-7　自行选择工程或生活中有关控制的实例，分析其控制原理并绘制系统原理方框图。

第 2 章 控制系统的数学模型

2.1 知识点归纳

2.1.1 数学模型

控制系统的数学模型是描述控制系统内部物理量(或变量)之间关系的数学表达式。在静态条件下(即变量各阶导数为零),描述变量之间关系的代数方程称为静态数学模型;而描述变量各阶导数之间关系的微分方程称为动态数学模型。在控制系统的分析和设计中,首先要建立系统的数学模型。通过数学模型来研究自动控制系统,可以摆脱各种不同类型系统的外部特征,研究其内在共性运动规律。

建立控制系统数学模型的方法有分析法和实验法两种。分析法是对系统各部分的运动机理进行分析,根据它们所依据的物理规律或化学规律分别列写相应的运动方程。实验法是人为地给系统施加某种测试信号,记录其输出响应,并用适当的数学模型去逼近,这种方法又称系统辨识。

常用的数学模型有微分方程、差分方程、状态方程、传递函数、结构图、信号流图、频率特性等。控制系统如按照数学模型分类,可以分为线性和非线性系统,定常系统和时变系统。

建立系统数学模型的主要目的是为了分析系统的性能。由数学模型求系统性能指标的主要方法如图 2.1 所示。

2.1.2 拉式变换

拉普拉斯变换(简称拉氏变换)是一种积分变换,它把时域中的常系数线性微分方程变换为复频域中的常系数线性代数方程,使计算过程简化。

1. 拉氏变换的定义

一个定义在$[0,\infty)$区间的函数$f(x)$,其拉氏变换$F(s)$定义为

$$L[f(t)] = F(s) = \int_0^\infty f(t) e^{-st} dt \tag{2.1}$$

式中,$s = \sigma + j\omega$ 为复数,有时称变量 s 为复频域。

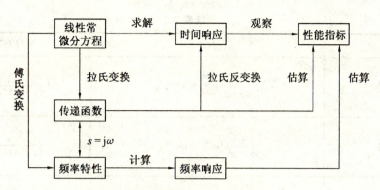

图 2.1 求系统性能指标的主要方法

应用拉普拉斯变换进行电路分析又称为电路的复频域分析,有时也称为运算法。$F(s)$ 又称为 $f(t)$ 的象函数,而 $f(t)$ 称为 $F(s)$ 的原函数。通常用"$L[\ ]$"表示对方括号内的函数作拉氏变换。

记作: $\qquad f(t) \leftrightarrow F(s)$

常见信号的拉氏变换见表 2.1。

表 2.1 拉普拉斯变换对照表

	$f(t)$	$F(s)$
1	单位脉冲 $\delta(t)$	1
2	单位阶跃 $1(t)$	$\dfrac{1}{s}$
3	t	$\dfrac{1}{s^2}$
4	e^{-at}	$\dfrac{1}{s+a}$
5	te^{-at}	$\dfrac{1}{(s+a)^2}$
6	$\sin \omega t$	$\dfrac{1}{s^2+\omega^2}$
7	$\cos \omega t$	$\dfrac{\omega}{s^2+\omega^2}$
8	$t^n\ (n=1,2,3,\cdots)$	$\dfrac{n!}{s^{n+1}}$
9	$t^n e^{-at}\ (n=1,2,3,\cdots)$	$\dfrac{n!}{(s+a)^{n+1}}$

续表 2.1

	$f(t)$	$F(s)$
10	$\dfrac{1}{b-a}(e^{-at}-e^{-bt})$	$\dfrac{1}{(s+a)(s+b)}$
11	$\dfrac{1}{b-a}(be^{-bt}-ae^{-at})$	$\dfrac{s}{(s+a)(s+b)}$
12	$\dfrac{1}{ab}\left[1+\dfrac{1}{a-b}(be^{-at}-ae^{-bt})\right]$	$\dfrac{1}{s(s+a)(s+b)}$
13	$e^{-at}\sin\omega t$	$\dfrac{\omega}{(s+a)^2+\omega^2}$
14	$e^{-at}\cos\omega t$	$\dfrac{s+a}{(s+a)^2+\omega^2}$
15	$\dfrac{1}{a^2}(at-1+e^{-at})$	$\dfrac{1}{s^2(s+a)}$
16	$\dfrac{\omega_n}{\sqrt{1-\xi^2}}e^{-\xi\omega_n t}\sin\omega_n\sqrt{1-\xi^2}\,t$	$\dfrac{\omega_n^2}{s^2+2\xi\omega_n s+\omega_n^2}$
17	$\dfrac{-1}{\sqrt{1-\xi^2}}e^{-\xi\omega_n t}\sin(\omega_n\sqrt{1-\xi^2}\,t-\varphi)$ $\varphi=\tan^{-1}\dfrac{\sqrt{1-\xi^2}}{\xi}$	$\dfrac{s}{s^2+2\xi\omega_n s+\omega_n^2}$
18	$1-\dfrac{1}{\sqrt{1-\xi^2}}e^{-\xi\omega_n t}\sin(\omega_n\sqrt{1-\xi^2}\,t+\varphi)$ $\varphi=\tan^{-1}\dfrac{\sqrt{1-\xi^2}}{\xi}$	$\dfrac{\omega_n^2}{s(s^2+2\xi\omega_n s+\omega_n^2)}$

2. 拉普拉斯变换的基本性质

(1) 线性叠加性。

若 $f_1(t)$ 和 $f_2(t)$ 是两个任意的时间函数,其拉氏变换分别为 $F_1(s)$ 和 $F_2(s)$,A_1 和 A_2 是两个任意常数,则有

$$L[A_1f_1(t)+A_2f_2(t)]=A_1L[f_1(t)]\pm A_2L[f_2(t)]=A_1F_1(s)+A_2F_2(s) \quad (2.2)$$

(2) 时域导数性质(微分性质)。
$$L[f'(t)] = sF(s) - f(0_-) \tag{2.3}$$

(3) 时域积分性质(积分性质)。
若 $L[f(t)] = F(s)$,则
$$L\left[\int_{-\infty}^{0} f(\tau)d\tau\right] = \frac{F(s)}{s} + \frac{f^{-1}(0)}{s} \tag{2.4}$$

其中,$f^{(-1)}(0) = \int_{-\infty}^{0} f(\tau)d\tau$ 为常数。

(4) 时域平移性质(延迟性质)。
设 $F(s) = L[f(t)]$,则
$$L[f(t-T)] = e^{-Ts}F(s) \tag{2.5}$$

若 $L[f(t)] = F(s)$,则
$$L[f(t-t_0) \cdot 1(t-t_0)] = e^{-st_0}F(s) \tag{2.6}$$

(5) 频移性质(位移性质)。
设 $F(s) = L[f(t)]$,则
$$L[e^{-at}f(t)] = F(s+a) \tag{2.7}$$

将时间函数 $f(t)$ 向右平移(迟延)一段时间 T 以后,就得到另外一个时间函数 $f(t-T)$。

(6) 初值定理。
设 $F(s) = L[f(t)]$,如果下列极限存在的话,则有
$$\lim_{t \to 0} f(t) = \lim_{s \to \infty} sF(s) \tag{2.8}$$

(7) 终值定理。
设 $F(s) = L[f(t)]$,并且 $sF(s)$ 在虚轴上及右半平面内没有极点,则有
$$\lim_{t \to \infty} f(t) = \lim_{s \to 0} sF(s) \tag{2.9}$$

(8) 卷积定理。
设 $F_1(s) = L[f_1(t)]$,$F_2(s) = L[f_2(t)]$,则
$$L\left[\int_0^t f_1(\tau)f_2(t-\tau)d\tau\right] = F_1(s)F_2(s) \tag{2.10}$$

3. 普拉斯反变换

求拉氏反变换的常用方法有两种:其一为查表法,即直接利用拉氏变换表(表2.1),查出相应函数的原函数;其二为部分分式法,首先通过代数运算,将一个复杂的象函数转化为几个简单的部分分式之和,再分别求出各个分式的原函数,最后将它们求和即得总的原函数。部分分式法求解过程如下。

$F(s)$ 具有以下一般形式
$$F(s) = \frac{A(s)}{B(s)} = \frac{a_m s^m + a_{m-1}s^{m-1} + \cdots + a_1 s + a_0}{b_n s^n + b_{n-1}s^{n-1} + \cdots + b_1 s + b_0} \tag{2.11}$$

式中,系数 a_i, b_i 都是实数;m, n 为正整数。

为便于分解,将式(2.11)写成

$$F(s) = \frac{A(s)}{B(s)} = \frac{a_m(s-z_1)(s-z_2)\cdots(s-z_m)}{b_n(s-p_1)(s-p_2)\cdots(s-p_n)} \qquad (2.12)$$

式中,$p_1, p_2, \cdots, p_{n-1}, p_n$ 为极点;$z_1, z_2, \cdots, z_{m-1}, z_m$ 为零点。

如果 $p_i = p_j = p^*$,则称 p^* 为二阶极点。

K 阶极点和 K 阶零点的概念以此类推。

(1) $D(s) = 0$,有 n 个单实根,极点为实数,无重根,此时有

$$F(s) = \frac{A(s)}{(s-p_1)(s-p_2)\cdots(s-p_n)} \qquad (2.13)$$

设 $D(s) = 0$ 的 n 个单实根分别为 $p_1, p_2, \cdots, p_n$,则 $F(s)$ 可展开为

$$F(s) = \frac{k_1}{s-p_1} + \frac{k_2}{s-p_2} + \cdots + \frac{k_n}{s-p_n} \qquad (2.14)$$

式中,$k_1, k_2, \cdots, k_n$ 为待定系数。

$F(s)$ 对应的原函数为

$$f(t) = L^{-1}[F(s)] = \sum_{i=1}^{n} k_i e^{p_i t} \qquad (2.15)$$

(2) $D(s) = 0$ 有共轭复根的情况。

在式 $F(s) = \dfrac{N(s)}{D(s)} = \dfrac{k_1}{s-p_1} + \dfrac{k_2}{s-p_2} + \cdots + \dfrac{k_n}{s-p_n}$ 中,设 $D(s) = 0$ 有一对共轭复根,记为 $p_1 = \alpha + j\beta, p_2 = \alpha - j\beta$。

$$f(t) = k_1 e^{(\alpha+j\beta)t} + k_2 e^{(\alpha-j\beta)t} = |k| e^{\alpha t}[e^{j(\beta t+\theta)} + e^{-j(\beta t-\theta)}] =$$
$$2|k| e^{\alpha t}\cos(\beta t + \theta) \qquad (2.16)$$

(3) $D(s) = 0$ 有重根的情况。

设 $D(s) = 0$ 有一个 r 阶重根 p_1,其他均为单根,则 $F(s)$ 的部分分式展开式为

$$F(s) = \frac{k_{1r}}{(s-p_1)^r} + \frac{k_{1(r-1)}}{(s-p_1)^{r-1}} + \cdots + \frac{k_{11}}{s-p_1} + \frac{k_2}{s-p_2} + \cdots + \frac{k_n}{s-p_n} \qquad (2.17)$$

$$f(t) = L^{-1}[F(s)] = \left[\frac{k_{1r}}{(r-1)!}t^{r-1} + \frac{k_{1(r-1)}}{(r-2)!}t^{r-2} + \cdots + k_{11}\right]e^{p_1 t} + k_2 e^{p_2 t} + \cdots + k_n e^{p_n t}$$
$$(2.18)$$

2.1.3 微分方程

微分方程是描述各种事物最基本的数学工具,是各种数学描述方法的共同基础。

1. 微分方程的一般形式

控制系统的微分方程是在时间域内描述动态系统性能的数学模型。线性定常系统或元件微分方程的一般形式为

$$a_0 \frac{\mathrm{d}^n c(t)}{\mathrm{d}t^n} + a_1 \frac{\mathrm{d}^{n-1} c(t)}{\mathrm{d}t^{n-1}} + \cdots + a_{n-1} \frac{\mathrm{d}c(t)}{\mathrm{d}t} + a_n c(t) =$$
$$b_0 \frac{\mathrm{d}^m c(t)}{\mathrm{d}t^m} + b_1 \frac{\mathrm{d}^{m-1} c(t)}{\mathrm{d}t^{m-1}} + \cdots + b_{m-1} \frac{\mathrm{d}c(t)}{\mathrm{d}t} + b_m r(t) \quad (2.19)$$

其中,$a_n \neq 0$,且 $n \geqslant 1$,$b_0 \neq 0$,$m \geqslant 0$,通常 $n \geqslant m$。

式(2.19)左端是输出变量及其各阶导数对应的项,右端是输入变量及其各阶导数对应的项,各项的系数 $a_i(i=0,1,2,\cdots,n)$ 和 $b_i(i=0,1,2,\cdots,m)$ 均为实数。

2. 建立微分方程的一般步骤

(1) 分析系统(或元件)的物理过程,确定输入和输出变量;

(2) 从输入端开始,按照信号的传递顺序,依据各变量所遵循的物理(或化学)规律列出相应的微分方程;

(3) 消去中间变量,写出输入、输出变量的微分方程;

(4) 对微分方程进行标准化处理。

3. 非线性微分方程的线性化

控制系统的实际组成元件几乎程度不同地都具有非线性特性。因此,求出的系统微分方程常常是非线性微分方程,解析求解异常困难。由于许多实际控制系统的输入量和输出量是围绕平衡工作状态进行小范围变化的,故可采用泰勒级数展开法,略去二次以上的高次项,进行小偏差线性化处理,所得到的线性微分方程称为系统的线性化数学模型。

设系统组成元件的特性为 $y=f(x)$,其中 x 为输入量,y 为输出量。若函数 y 在其平衡工作点 (x_0, y_0) 处连续可微,则可用输入量 x 的偏差形式,将 y 在 (x_0, y_0) 的邻域内展开成泰勒级数为

$$y = f(x) = f(x_0) + \left(\frac{\partial f}{\partial x}\right)_{x_0} \Delta x + \frac{1}{2!}\left(\frac{\partial^2 f}{\partial x^2}\right)_{x_0} \Delta x^2 + \cdots \quad (2.20)$$

如果偏差 Δx 很小,且记 $y \triangleq \Delta y = f(x) - f(x_0)$,$x \triangleq \Delta x$,可得到小偏差线性化方程为

$$y = \left(\frac{\partial f}{\partial x_1}\right)_{x_0} \Delta x \quad (2.21)$$

当 $y = f(x_1, x_2)$ 时,同理可得小偏差线性化方程为

$$y = \left(\frac{\partial f}{\partial x_1}\right)_{x_{10}} \Delta x_1 + \left(\frac{\partial f}{\partial x_2}\right)_{x_{20}} \Delta x_2 \quad (2.22)$$

应当指出,对于某些严重的典型非线性,如继电特性、间隙以及干摩擦等,不能进行求导运算,因而原则上不能用小偏差法进行线性化,而只能作为非线性问题处理。

4. 线性微分方程求解

拉氏变换求解微分方程的基本思想如图 2.2 所示。

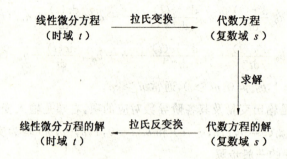

图 2.2 拉氏变换求解微分方程的基本思想

在给定输入变量形式及初始条件时,可以求得微分方程的解。线性微分方程的求解方法有经典法和拉氏变换法,也可以用计算机求解微分方程。

5. 运动的模态

在数学上,线性微分方程的解是由特解和齐次微分方程的通解组成的。通解由微分方程的特征根所决定,它代表自由运动。如果 n 阶微分方程的特征根是 $\lambda_1, \lambda_2, \cdots, \lambda_n$ 且无重根,则函数 $e^{\lambda_1 t}, e^{\lambda_2 t}, \cdots, e^{\lambda_n t}$ 称为该微分方程所描述的运动的模态,也称振型。每种模态代表一种类型的运动形态,齐次微分方程的解则是它们的线性组合,即

$$y_0(t) = c_1 e^{\lambda_1 t} + c_2 e^{\lambda_2 t} + \cdots + c_n e^{\lambda_n t} \tag{2.23}$$

式中的系数 $c_1, c_2, \cdots, c_n$ 是由初始条件决定的常数。

如果特征根中有多重根 λ,则模态会具有形如 $t e^{\lambda_1 t}, t^2 e^{\lambda_1 t}, \cdots, t^n e^{\lambda_1 t}$ 等函数;如果特征根中有共轭复根 $\lambda = \sigma \pm j\omega$,则有模态 $e^{\sigma t} \sin \omega t$ 与 $e^{\sigma t} \cos \omega t$。

2.1.4 传递函数

1. 定义

线性定常系统的传递函数是指在零初始条件下,系统输出量的拉氏变换与输入量的拉氏变换之比。所谓零初始条件是指:当 $t=0$ 时,系统的输入 $r(t)$、输出 $c(t)$ 以及它们的各阶导数均为零。

对微分方程(2.19)的一般形式两端取拉氏变换,并根据定义可得系统的传递函数为

$$G(s) = \frac{C(s)}{R(s)} = \frac{b_0 s^m + b_1 s^{m-1} + \cdots + b_{m-1} s + b_m}{a_0 s^n + a_1 s^{n-1} + \cdots + a_{n-1} s + a_n} \tag{2.24}$$

2. 传递函数的主要性质

(1) 传递函数是复变量 s 的有理真分式函数,具有复变函数的所有性质;$m \leqslant n$ 且所有系数均为实数。

(2) 传递函数是一种用表示系统输出量与输入量之间关系的公式,只取决于系统和元件的结构和参数,而与输入量的形式无关,也不反映系统内的任何信息。

(3) 传递函数与微分方程有相通性。

(4) 传递函数 $G(s)$ 的拉氏变换是脉冲响应 $g(t)$。

3. 表示形式

设控制系统的动态方程为

$$a_0 c^{(n)} + a_1 c^{(n-1)} + a_2 c^{(n-2)} + \cdots + a_{n-1}\dot{c} + a_n c =$$
$$b_0 r^{(m)} + b_1 r^{(m-1)} + b_2 r^{(m-2)} + \cdots + b_{m-1}\dot{r} + br \quad (n \geqslant m) \tag{2.25}$$

则系统的传递函数为

$$G(s) = \frac{C(s)}{R(s)} = \frac{M(s)}{N(s)} = \frac{b_0 s^m + b_1 s^{m-1} + \cdots + b_{m-1}s + b_m}{a_0 s^n + a_1 s^{n-1} + \cdots + a_{n-1}s + a_n} \tag{2.26}$$

(1) 系统开环传递函数有两种标准形式：

① 首1型。

$$G(s) = \frac{b_0(s-z_1) + (s-z_2) + \cdots + (s-z_m)}{a_0(s-p_1) + (s-p_2) + \cdots + (s-p_m)} = K^* \cdot \frac{\prod\limits_{i=1}^{m}(s-z_i)}{\prod\limits_{j=1}^{m}(s-p_j)} \tag{2.27}$$

② 尾1型。

$$G(s) = \frac{b_m(\tau_1 s+1) + (\tau_2^2 s^2 + 2\zeta\tau_2 s+1)\cdots(\tau_i s+1)}{a_m(T_1 s+1) + (T_2^2 s^2 + 2\zeta T_2 s+1)\cdots(T_i s+1)} \tag{2.28}$$

式中，z_i 为开环零点，$i=1,2,\cdots,m$；$p_j(s)$ 为开环极点，$i=1,2,\cdots,n$；K^* 为根轨迹增益 $\frac{b_0}{a_0}$；K 为开环增益 $\frac{b_m}{a_n}$；T_i,τ_j 为均大于零。

根轨迹增益 K^* 与开环增益 K 之间有关系

$$K = K^* \frac{\prod\limits_{i=1}^{m}(-z_i)}{\prod\limits_{j=1}^{m}(-p_j)} \tag{2.29}$$

(2) 典型环节有以下几种：

K——放大环节；

$\frac{1}{s}$——积分环节；

$\frac{1}{Ts+1}$——惯性(非周期)环节；

$\frac{1}{T^2 s^2 + 2\xi Ts + 1}$——振荡环节$(0 < \xi < 1)$；

$\tau s + 1$——一阶微分环节；

$\tau^2 s^2 + 2\xi\tau s + 1$——二阶微分环节$(0 < \xi < 1)$。

4. 典型元部件的传递函数

典型元部件的传递函数见表2.2。

表 2.2 典型元部件的传递函数

元部件	传递函数	变量说明
电位器误差检测器	$\dfrac{U(s)}{\Delta\theta(s)}=K_1$	K_1——电位器误差检测器传输系数 U——误差检测器输出电压 $\Delta\theta$——两个电位器的误差角
测速发电机	$\dfrac{U(s)}{\theta(s)}=K_t(s)$	U——测速发电机输出电压 θ——测速发电机转子轴角位移 K_t——测速发电机输出斜率
直流伺服电动机 （电枢控制）	$\dfrac{\theta_m(s)}{U_a(s)}=\dfrac{K_m}{s(T_m s+1)}$ $\dfrac{\theta_m(s)}{M_L(s)}=\dfrac{-T_m/F_{JM}}{s(T_m s+1)}$	U_a——电枢电压 θ_m——电动机轴角位移 K_m——电动机传递系数 T_m——电动机机电时间常数 M_L——电动机轴上负载转矩 J_m——电动机轴上的总转动惯量
两相伺服电动机	$\dfrac{\theta_m(s)}{U_a(s)}=\dfrac{K_m}{s(T_m s+1)}$	U_a——控制绕组电压 θ_m——电动机轴角位移 K_m——电动机传动系数 T_m——电动机机电时间常数
电加热炉	$\dfrac{\Delta T(s)}{\Delta u(s)}=\dfrac{K}{Ts+1}$	ΔT——电热丝两端温度差 ΔU——电热丝两端电压差 K——电加热炉传递系数 T——电加热炉时间常数
双容水槽	$\dfrac{\Delta H_2(s)}{\Delta U(s)}=$ $\dfrac{K}{T_1 T_2 s^2+(T_1+T_2)s+1}$	K——双容水槽的传递系数 T_1——第一个水槽的时间常数 T_2——第二个水槽的时间常数

2.1.5 结构图与信号流图

1. 结构图

(1) 定义。

控制系统的结构图由许多信号进行单项运算的方框和一些信号流向组成,它包含四种基本单元:信号线、引出点、比较点和方框,如图 2.3 所示。

(2) 特点。

① 结构图具有概括性和抽象性,不一定表示某具体系统的物理结构;

② 用结构图可以较直观地研究系统特性,分析各环节对系统性能的影响;

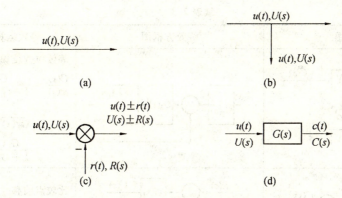

图 2.3 结构图的基本单元

③ 同一系统的结构图形式不唯一,但其在输入输出信号确定后,对应的系统传递函数是唯一的。

(3) 绘图。

① 根据微分方程绘图,其步骤是:首先建立系统各元部件的微分方程;对各元部件的微分方程取拉氏变换,并画出其对应的结构图;最后将各元部件的结构图按照信号传递顺序连接起来即为系统的结构图。

② 根据原理图绘图。其方法是:先将原理图画成方框图;再将方框图中的元部件换成相应的传递函数即得系统的结构图。需要说明的是应用这种方法绘制结构图的前提是系统中各元部件的传递函数是已知的。

(4) 等效变换。

等效变换法则见表 2.3。

表 2.3 结构图等效变换法则

原方框图	等效方框图	等效运算关系
$R(s) \to G_1(s) \to G_2(s) \to C(s)$	$R(s) \to G_1(s)G_2(s) \to C(s)$	串接等效 $C(s) = G_1(s)G_2(s)R(s)$
$R(s)$ 经 $G_1(s)$ 与 $G_2(s)$ 并联 $\pm$ 汇合输出 $C(s)$	$R(s) \to G_1(s) \pm G_2(s) \to C(s)$	并接等效 $C(s) = G_1(s)R(s) \pm G_2(s)R(s) = R(s)[G_1(s) \pm G_2(s)]$
$R(s)$ 经 $\pm$ 与 $G_1(s)$ 前向,$G_2(s)$ 反馈输出 $C(s)$	$R(s) \to \dfrac{G_1(s)}{1 \mp G_1(s)G_2(s)} \to C(s)$	反馈接等效 $C(s) = \dfrac{G_1(s)}{1 \mp G_1(s)G_2(s)}$

续表2.3

原方框图	等效方框图	等效运算关系
		等效单位反馈 $\dfrac{C(s)}{R(s)} = \dfrac{G_1(s)}{1+G_1(s)G_2(s)} =$ $\dfrac{1}{G_2(s)} \cdot$ $\dfrac{G_1(s)G_2(s)}{1+G_1(s)G_2(s)}$
		比较点前移 $C(s) = R(s)G(s) \pm Q(s) =$ $\left[R(s) \pm \dfrac{Q(s)}{G(s)} \right] G(s)$
		比较点后移 $C(s) = [R(s) \pm Q(s)]G(s) =$ $R(s)G(s) \pm R(s)Q(s)$
		引出点前移 $C(s) = R(s)G(s)$
		引出点后移 $R(s) = R(s)G(s)\dfrac{1}{G(s)}$ $C(s) = R(s)G(s)$
		交换或合并比较点 $C(s) = E_1(s) \pm R_3(s) =$ $R_1(s) \pm R_2(s) \pm R_3(s) =$ $R_1(s) \pm R_3(s) \pm R_2(s)$
		交换比较点或引出点（一般不采用） $C(s) = R_1(s) - R_2(s)$
		负号在支路上移动 $E(s) = R(s) - H(s)C(s) =$ $R(s) + H(s) \times (-1)C(s)$

2. 信号流图

(1) 信号流图概述。

信号流图是一种表示线性代数方程组变量之间关系的图示方法,它是由节点和支路组成的一种信号网络。每个节点表示一个系统的变量,支路是连接两个节点的定向线段,信号流向由支路上的箭头表示,而传输关系标注在支路上,按支路顺序连接沿箭头方向穿过相连支路的途径称为通路。若通路与任一节点相交不多于一次,则称为开通路;若通路的终点就是通路的起点且与其他节点相交不多于一次,则称为闭合通路。

(2) 梅森增益公式。

应用梅森增益公式不经任何结构变换,可以一步写出系统的传递函数。即

$$P = \frac{\sum_{k=1}^{m} p_k \Delta_k}{\Delta} \tag{2.30}$$

式中,Δ 为流图特征式,$\Delta = 1 - \sum L_a + \sum L_b L_c - \sum L_d L_e L_f + \cdots$;$p_k$ 为从源节点到阱节点第 k 条前向通路总增益;Δ_k 为在 Δ 中,将与第 k 条前向通路相接触的回路增益项除去后所余下的部分,称 Δ 的余子式。

(特征式)中,$\sum L_a$ 为所有单独回路增益之和;$\sum L_b L_c$ 为所有两两互不接触回路的回路增益乘积之和;$\sum L_d L_e L_f$ 为所有三个互不接触回路的回路增益乘积之和。

2.1.6 控制系统的传递函数

如图 2.4 所示的系统结构图中,系统开环传递函数为

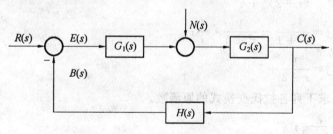

图 2.4 系统结构图

$$G_K(s) = \frac{B(s)}{E(s)} = G_1(s) G_2(s) H(s) \tag{2.31}$$

输入信号作用下系统的闭环传递函数为

$$\Phi(s) = \frac{C(s)}{R(s)} = \frac{G_1(s) G_2(s)}{1 + G_1(s) G_2(s) H(s)} \tag{2.32}$$

输入信号作用下系统的误差传递函数为

$$\Phi_e(s) = \frac{E(s)}{R(s)} = \frac{1}{1 + G_1(s) G_2(s) H(s)} \tag{2.33}$$

干扰信号作用下系统的闭环传递函数为

$$\Phi_n(s) = \frac{C(s)}{N(s)} = \frac{G_2(s)}{1 + G_1(s)G_2(s)H(s)} \tag{2.34}$$

干扰信号作用下系统的误差传递函数为

$$\Phi_m(s) = \frac{E(s)}{N(s)} = \frac{-G_2(s)H(s)}{1 + G_1(s)G_2(s)H(s)} \tag{2.35}$$

2.2 典型例题

例 2-1 试求下列函数的拉式变换。

(1) $f(t) = t^2 + 3t + 2$;

(2) $f(t) = 5\sin 2t - 3\cos 2t$;

(3) $f(t) = t^n e^{at}$;

(4) $f(t) = e^{-2t}\sin 6t$;

(5) $f(t) = \cos t \cdot \delta(t) - \sin t \cdot u(t)$;

(6) $f(t) = e^{2t} + 5\delta(t)$。

解 (1) $L[f(t)] = \dfrac{2!}{s^3} + \dfrac{3}{s^2} + \dfrac{2}{s}$;

(2) $L[f(t)] = 5\dfrac{2}{s^2 + 2^2} - 3\dfrac{s}{s^2 + 2^2}$;

(3) $L[f(t)] = \dfrac{n!}{(s-a)^{n+1}}$;

(4) $L[f(t)] = \dfrac{6}{(s+2)^2 + 6^2}$;

(5) $L[f(t)] = \dfrac{s}{s^2 + 1} - \dfrac{1}{s^2 + 1} \cdot \dfrac{1}{s}$;

(6) $L[f(t)] = \dfrac{1}{s-2} + 5$。

例 2-2 求下列各拉氏变换式的原函数。

(1) $X(s) = \dfrac{e^{-s}}{s-1}$;

(2) $X(s) = \dfrac{1}{s(s+2)^3(s+3)}$;

(3) $X(s) = \dfrac{s+1}{s(s^2 + 2s + 2)}$。

解 (1) $x(t) = e^{t-1}$。根据变换表中对应的原函数为 e^{-at} 时,它的象函数是 $\dfrac{1}{s+a}$,所以 $\dfrac{1}{s-a}$ 对应的原函数应该是 e^{at} 其中 $a=1$,所以原函数为 e^t,又根据延迟定理 $L[f(t-\tau)] = e^{-s\tau}F(s)$,可以认为 $F(s) = \dfrac{1}{s-a}$,而 e^{-s} 为延迟因子,因为 e^{-s} 的指数部分是 $-s\tau$,所以 $\tau = 1$,所以 $f(t-\tau)$ 即为 $f(t-1)$,所以结果为 e^{t-1}。

(2) 原式 $= \dfrac{-1}{2(s+2)^3} + \dfrac{1}{4(s+2)^2} - \dfrac{3}{8(s+2)} + \dfrac{1}{24s} + \dfrac{1}{3(s+3)}$

$$x(t) = \dfrac{-t^2}{4}\mathrm{e}^{-2t} + \dfrac{t}{4}\mathrm{e}^{-2t} - \dfrac{3}{8}\mathrm{e}^{-2t} + \dfrac{1}{3}\mathrm{e}^{-3t} + \dfrac{1}{24}$$

(3) 原式 $= \dfrac{1}{2s} - \dfrac{\frac{1}{2}s}{s^2+2s+2} = \dfrac{1}{2s} - \dfrac{1}{2} \cdot \dfrac{s-1}{(s-1)^2+1} + \dfrac{1}{2} \cdot \dfrac{1}{(s-1)^2+1}$

$$x(t) = \dfrac{1}{2} + \dfrac{1}{2}\mathrm{e}^{-t}(\sin t - \cos t)$$

例 2-3 试求如图 2.5 所示各信号 $\dfrac{C(s)}{R(s)}$ 的象函数 $X(s)$。

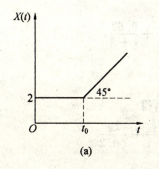
(a)

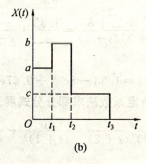
(b)

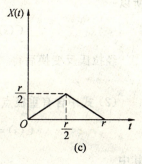
(c)

图 2.5 信号

解

(1) 图 2.5(a)
$$x(t) = 2 + (t - t_0)$$
$$X(s) = \dfrac{2}{s} + \dfrac{1}{s^2}\mathrm{e}^{-t_0 s}$$

(2) 图 2.5(b)
$$x(t) = a + (b-a)(t-t_1) - (b-c)(t-t_2) - c(t-t_3)$$
$$X(s) = \dfrac{1}{s}[a + (b-a)\mathrm{e}^{-t_1 s} - (b-c)\mathrm{e}^{-t_2 s} - c\mathrm{e}^{-t_3 s}]$$

(3) 图 2.5(c)
$$x(t) = \dfrac{4}{T^2}t - \dfrac{4}{T^2}\left(t-\dfrac{T}{2}\right) - \dfrac{4}{T^2}\left(t-\dfrac{T}{2}\right) + \dfrac{4}{T^2}(t-T)$$
$$X(s) = \dfrac{4}{T^2 s^2}(1 - 2\mathrm{e}^{-\frac{T}{2}s} + \mathrm{e}^{-Ts})$$

例 2-4 求下列拉氏变换式的原函数。

(1) $C(s) = \dfrac{3s^2+2s+8}{s(s+2)(s+3)}$;

(2) $C(s) = \dfrac{s}{(s+1)^2(s+2)}$;

(3) $C(s) = \dfrac{6(s+2)}{s(s^2+6s+12)}$。

解 （1）利用待定系数法求部分分式展开，得

$$C(s) = \frac{3s^2+2s+8}{s(s+2)(s+3)} = \frac{k_1}{s} + \frac{k_2}{s+2} + \frac{k_3}{s+3}$$

其中

$$k_1 = \lim_{s \to 0} \cdot \frac{3s^2+2s+8}{s(s+2)(s+3)} = \frac{4}{3} \approx 1.33$$

$$k_2 = \lim_{s \to -2}(s+2) \cdot \frac{3s^2+2s+8}{s(s+2)(s+3)} = -8$$

$$k_3 = \lim_{s \to -3}(s+3) \cdot \frac{3s^2+2s+8}{s(s+2)(s+3)} = \frac{29}{3} \approx 9.67$$

所以

$$C(s) = \frac{3s^2+2s+8}{s(s+2)(s+3)} = \frac{1.33}{s} + \frac{-8}{s+2} + \frac{9.67}{s+3}$$

经拉氏反变换后得

$$C(t) = 1.33 - 8e^{-2t} + 9.67e^{-3t}$$

（2）式中含有重极点，利用待定系数法求部分分式展开，得

$$C(s) = \frac{s}{(s+1)^2(s+2)} = \frac{k_{11}}{(s+1)^2} + \frac{k_{12}}{s+1} + \frac{k_2}{s+2}$$

其中

$$k_{11} = \lim_{s \to -1}(s+1)^2 \cdot \frac{s}{(s+1)^2(s+2)} = -1$$

$$k_{12} = \lim_{s \to -1} \frac{d}{ds}\left[(s+1)^2 \cdot \frac{s}{(s+1)^2(s+2)}\right] = 2$$

$$k_2 = \lim_{s \to -2}(s+2) \cdot \frac{s}{(s+1)(s+2)} = -2$$

所以

$$C(s) = \frac{s}{(s+1)^2(s+2)} = -\frac{1}{(s+1)^2} + \frac{2}{s+1} - \frac{2}{s+2}$$

经拉氏反变后得

$$C(t) = (2-t)e^{-t} - 2e^{-2t}$$

（3）式中含有共轭复根，利用待定系数法求部分分式展开，得

$$C(s) = \frac{6(s+2)}{s(s^2+6s+12)} = \frac{6(s+2)}{s[(s+3)^2+3]} = \frac{k'_1}{s} + \frac{k'_2 s + k'_3}{(s+3)^2+3}$$

其中 $k'_1 = \lim_{s \to 0} s \cdot \frac{6(s+2)}{s(s^2+6s+12)} = 1$。

于是

$$\frac{k'_2 s + k'_3}{(s+3)^2+3} = \frac{6(s+2)}{s(s^2+6s+12)} - \frac{1}{s} = \frac{6(s+2)-s^2-6s-12}{s(s^2+6s+12)} = \frac{-s^2}{s(s+3)^2+3} =$$

$$\frac{-s}{s^2+6s+12} = \frac{-s}{(s+3)^2+3}$$

得

$$C(s) = \frac{1}{s} - \frac{s}{(s+3)^2 + 3} = \frac{1}{s} - \frac{s+3}{(s+3)^2 + (\sqrt{3})^2} + \frac{\sqrt{3} \cdot \sqrt{3}}{(s+3)^2 + (\sqrt{3})^2}$$

经拉氏反变换后得

$$c(t) = 1 - e^{-3t}\cos\sqrt{3}t + \sqrt{3}e^{-3t}\sin\sqrt{3}t$$

例 2-5 已知系统传递函数为 $G(s) = \dfrac{C(s)}{R(s)} = \dfrac{3s+2}{s^2+3s+2}$，且初始条件为 $c(0) = -1$，$\dot{c}(0) = 0$。试求系统在输入 $r(t) = 1(t)$ 的作用下的输出 $c(t)$。

解 由于

$$G(s) = \frac{C(s)}{R(s)} = \frac{3s+2}{(s+1)(s+2)}$$

在单位阶跃输入时，有 $R(s) = \dfrac{1}{s}$，依题意

$$C(s) = \frac{3s+2}{(s+2)(s+1)} \cdot \frac{1}{s} = \frac{1}{s} - \frac{2}{s+2} + \frac{1}{s+1}$$

所以

$$c(t) = L^{-1}[C(s)] = L^{-1}\left(\frac{1}{s} - \frac{2}{s+2} + \frac{1}{s+1}\right) = 1 - 2e^{-2t} + e^{-t}$$

例 2-6 应用终值定理求象函数 $F(s) = \dfrac{4}{(s+5)(s+8)}$ 的原函数 $f(t)$ 的稳定值。

解 根据终值定理有

$$\lim_{t \to \infty} f(t) = \lim_{s \to 0} sF(s), \quad F(s) = s\frac{4}{(s+5)(s+8)} = 0 \times \frac{4}{4 \times 8} = 0$$

例 2-7 已知 $F(s) = \dfrac{10}{s(s+1)}$：

(1) 利用终值定理求 $t \to \infty$ 时 $f(t)$ 的值。

(2) 通过取 $F(s)$ 拉氏反变换，求 $t \to \infty$ 时 $f(t)$ 的值。

解 (1)

$$f(\infty) = \lim_{t \to \infty} f(t) = \lim_{s \to 0} sF(s)$$

故有

$$f(\infty) = \lim_{t \to \infty} f(t) = \lim_{s \to 0} s\frac{10}{s(s+1)} = 10$$

(2)

$$f(t) = L^{-1}[F(s)] = L^{-1}\left[\frac{k_1}{s}\right] + L^{-1}\left[\frac{k_2}{s+1}\right]$$

其中

$$k_1 = \lim_{s \to 0}\left[s\frac{10}{s(s+1)}\right] = 10$$

$$k_2 = \lim_{s \to (-1)}\left[(s+1)\frac{10}{s(s+1)}\right] = -10$$

即

$$f(\infty) = L^{-1}[F(s)] = L^{-1}\left[\frac{10}{s}\right] - L^{-1}\left[\frac{10}{s+1}\right] = [10 - 10e^{-t}]_{t \to \infty} = 10$$

例 2-8　求 $F(s) = \dfrac{s^3 + 6s^2 + 15s + 11}{s^2 + 5s + 6}$ 的原函数 $f(t)$。

解　先将 $F(s)$ 变为多项式与有理真分式

$$F(s) = s + 1 + \frac{4s + 5}{s^2 + 5s + 6}$$

下面将 $\dfrac{4s+5}{s^2+5s+6}$ 进行部分分式展开

$$\frac{4s+5}{s^2+5s+6} = \frac{4s+5}{(s+2)(s+3)} = \frac{k_1}{s+2} + \frac{k_2}{s+3}$$

$$k_1 = \lim_{s \to -2} \frac{4s+5}{2s+5} = -3 \quad \text{或} \quad k_1 = (s+2)\frac{4s+5}{s^2+5s+6}\bigg|_{s=-2} = -3$$

$$k_2 = \lim_{s \to -3} \frac{4s+5}{2s+5} = 7 \quad \text{或} \quad k_2 = (s+3)\frac{4s+5}{s^2+5s+6}\bigg|_{s=-3} = 7$$

所以

$$F(s) = s + 1 + \frac{-3}{s+2} + \frac{7}{s+3}$$

对应的原函数为

$$f(t) = \delta'(t) + \delta(t) - 3e^{-2t} + 7e^{-3t}$$

例 2-9　求如图 2.6 所示的机械位移系统的微分方程。系统中，M 为质量块，k 为弹簧刚度，c 为阻尼系数，$f(t)$ 为作用在质量块上的外力，$y(t)$ 为质量块的位移。

解　(1) 确定系统的输入量和输出量。

输入量为 $f(t)$，输出量为 $y(t)$。

(2) 建立初始微分方程组。

由牛顿运动定律、黏性阻尼定律及弹性定律分别得

$$\begin{cases} M\dfrac{d^2 y(t)}{dt^2} = f(t) - f_1(t) - f_2(t) & (1) \\[6pt] f_1(t) = c\dfrac{dy(t)}{dt} & (2) \\[6pt] f_2(t) = ky(t) & (3) \end{cases}$$

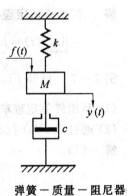

图 2.6　弹簧-质量-阻尼器位移系统

其中，$f_1(t)$ 为阻尼器的阻尼力，其方向与运动方向相反，大小与运动速度成比例；$f_2(t)$ 为弹簧的弹性力，其方向与运动方向相反，大小与位移成比例。

(3) 消除中间变量并标准化微分方程。

将式(2)和式(3)代入式(1)得到下面方程，它是一个二阶常系数线性微分方程：

$$M\frac{d^2 y(t)}{dt^2} + c\frac{dy(t)}{dt} + ky(t) = f(t) \tag{4}$$

例 2-10　图 2.7 所示为他励直流电动机原理图及等效电路，求该系统的微分方程。图中，R、L 分别为电枢电阻和电感，i_f 为励磁电流。当励磁不变时，在电枢电压 u_a 作

用下,电动机拖动负载并以角速度 ω 旋转。系统中,e_d 为电枢的反电动势,i_a 为电动机的电枢电流,T 为电动机的电磁转矩,T_L 为折合到电动机轴上的总负载转矩。

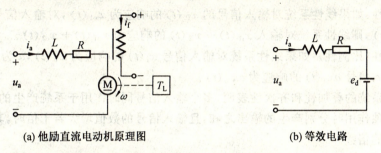

(a) 他励直流电动机原理图　　　　　　(b) 等效电路

图 2.7　他励直流电动机原理图及等效电路

解　(1) 确定系统的输入量和输出量。

u_a 为给定输入量,ω 为输出量,T_L 为干扰量。

(2) 建立初始微分方程。

电动机电枢回路的方程为

$$L\frac{di_a}{dt} + i_a R + e_d = u_a \tag{1}$$

当磁通不变时,e_d 与转速 ω 成正比,即

$$e_d = k_d \omega$$

其中,k_d 为反电势常数。将 $e_d = k_d \omega$ 代入式(1),有

$$L\frac{di_a}{dt} + i_a R + k_d \omega = u_a \tag{2}$$

电动机的动力学方程为

$$J\frac{d\omega}{dt} = T - T_L \tag{3}$$

其中,J 为转动部分折合到电动机轴上的总转动惯量。当励磁磁通固定不变时,电动机的电磁力矩 T 与电枢电流 i_a 成正比。即

$$T = k_m i_a \tag{4}$$

其中,k_m 为电动机电磁力矩常数。将式(4)代入式(3)得

$$J\frac{d\omega}{dt} = k_m i_a - T_L \tag{5}$$

(3) 消除中间变量并标准化微分方程。

联合式(2)和式(5)消去中间变量 i_a,可得

$$\frac{LJ}{k_d k_m}\frac{d^2\omega}{dt^2} + \frac{RJ}{k_d k_m}\frac{d\omega}{dt} + \omega = \frac{1}{k_d}u_a - \frac{L}{k_d k_m}\frac{dT_L}{dt} - \frac{1}{k_d k_m}T_L \tag{6}$$

令 $\dfrac{L}{R} = T_a$,$\dfrac{RJ}{k_d k_m} = T_m$,$\dfrac{1}{k_d} = C_d$,$\dfrac{T_m}{J} = C_m$,则得到他励直流电动机的微分方程为

$$T_a T_m \frac{d^2\omega}{dt^2} + T_m \frac{d\omega}{dt} + \omega = C_d u_a - C_m T_a \frac{dT_L}{dt} - C_m T_L \tag{7}$$

式(7)为二阶常系数线性微分方程,转速 ω 既受 u_a 控制,又受干扰 T_L 影响。

上面三例所涉及的系统的运动方程均为线性常微分方程,线性常微分方程具有的一个重要性质就是齐次性和叠加性。

叠加性:如果线性系统对输入信号的 $x_{i1}(t)$ 的响应为 $x_{o1}(t)$,对输入信号 $x_{i2}(t)$ 的响应为 $x_{o2}(t)$,则线性系统对输入 $x_{i1}(t)+x_{i2}(t)$ 的响应为 $x_{o1}(t)+x_{o2}(t)$。

齐次性(比例性):如果线性系统对输入信号 $x_i(t)$ 的响应为 $x_o(t)$,a 为常数,则线性系统对输入信号 $ax_i(t)$ 的响应为 $ax_o(t)$。

线性系统的叠加性和齐次性表明,多个输入信号同时作用于系统产生的输出,等于各个输入单独作用时分别产生的输出之和,且输入信号的数值增大若干倍时,其输出也相应增大相同的倍数。

例 2 – 11 求如图 2.8 所示的 RLC 串联电路的传递函数。

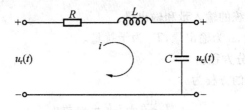

图 2.8 RLC 串联电路

解 (1) 设输入量为 $u_r(t)$,输出量为 $u_c(t)$。

(2) 求电路的微分方程。

由基尔霍夫定律和电容上电流电压关系得

$$u_r(t) = Ri + L\frac{di}{dt} + u_c(t), \quad i(t) = C\frac{du_c}{dt}$$

标准化后,则有

$$LC\frac{d^2 u_c(t)}{dt^2} + RC\frac{du_c(t)}{dt} + u_c(t) = u_r(t)$$

(3) 在零初始条件下,对上式进行拉氏变换,求得传递函数为

$$LCs^2 U_c(s) + RCs U_c(s) + U_c(s) = U_r(s)$$

$$G(s) = \frac{U_c(s)}{U_r(s)} = \frac{1}{LCs^2 + RCs + 1}$$

例 2 – 12 求如图 2.9 所示的弹簧–阻尼系统的传递函数。图中,$x_i(t)$ 为输入位移,$x_o(t)$ 为输出位移,k 为弹簧刚度,c 为阻尼系数。

解 根据牛顿定律,该系统的微分方程为

$$c\frac{dx_o(t)}{dt} + kx_o(t) = kx_i(t)$$

原式经拉普拉斯变换后得

$$scX_o(s) + kX_o(s) = kX_i(s)$$

则传递函数为

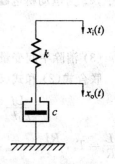

图 2.9 弹簧–阻尼系统

$$G(s) = \frac{X_o(t)}{X_i(t)} = \frac{1}{Ts+1}$$

式中，$T = \frac{c}{k}$ 为惯性环节的时间常数。

例 2-13 求如图 2.10 所示的集成运算电路的传递函数。其中，u_i 为输入电压，u_o 为输出电压。

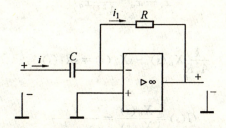

图 2.10 集成运算电路

解 设图 2.10 所示电路中运算放大器为理想运放，则可列出电路的微分方程组为

$$i = C\frac{du_i}{dt}$$

$$u_o = -Ri_1 = -Ri$$

故电路的微分方程为

$$u_o = -RC\frac{du_i}{dt}$$

进行拉氏变换并求其传递函数，得

$$G(s) = \frac{U_o(s)}{U_i(s)} = -RCs$$

不考虑表示反相的负号，且设 $T = RC$，则传递函数为

$$G(s) = \frac{U_o(s)}{U_i(s)} = Ts$$

例 2-14 求如图 2.11 所示的机械－液压阻尼器的传递函数。图中，A 为活塞右边的面积；k 为弹簧刚度；R 为节流阀液压阻；p_1，p_2 分别为油缸左、右腔单位面积上的压力；x_i 为活塞位移；x_o 为油缸位移。

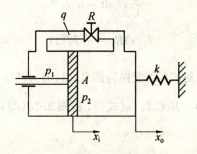

图 2.11 机械－液压阻尼器

解 选取活塞位移 x_i 为输入，油缸缸体位移为 x_o。油缸的力平衡方程为

通过节流阀的流量为

$$A(p_2 - p_1) = kx_o$$

$$q = A(\dot{x}_i - \dot{x}_o) = \frac{p_1 - p_2}{R}$$

由以上两式求得机械－液压阻尼器的微分方程为

$$\dot{x}_i - \dot{x}_o = \frac{k}{A^2 R} x_o$$

微分方程拉氏变换为

$$\frac{k}{A^2 R} X_o(s) + s X_o(s) = s X_i(s)$$

故得传递函数为

$$G(s) = \frac{X_o(s)}{X_i(s)} = \frac{s}{s + \dfrac{k}{A^2 R}}$$

例 2-15 试绘制如图 2.12 所示无源网络的结构图。

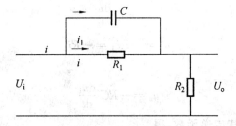

图 2.12 无源网络

解
$$i = i_1 + i_2$$
$$I(s) = I_1(s) + I_2(s) \tag{1}$$
$$u_i = i_2 R_1 + u_o$$
$$U_i(s) = I_2(s) R_1 + U_o(s) \tag{2}$$
$$u_o = i R_2$$
$$U_o(s) = R_2 I(s) \tag{3}$$
$$\frac{1}{C} \int i_1 \, dt = R_1 i_2$$
$$I_2(s) R_1 = \frac{1}{Cs} I_1(s) \tag{4}$$

由式(1)得图 2.13(a)；对式(2)变换得图 2.13(b)，$I_1(s) = \dfrac{1}{R}[U_i(s) - U_o(s)]$；对式(4)变换得图 2.13(c)，$I_1(s) = R_1 C s I_2$；对式(3)得图 2.13(d)，综上所述，得无源网络的结构图如图 2.13(e) 所示。

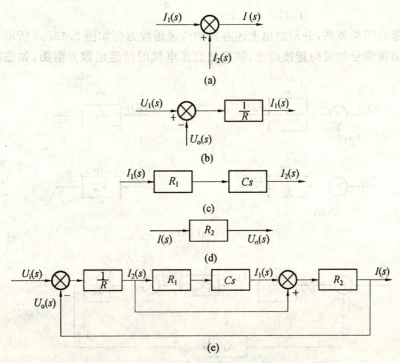

图 2.13 例 2-15 解题图

例 2-16 绘制如图 2.14 所示的电枢控制式直流电动机的传递函数方框图。以电枢电压 u_a 为输入量、角速度 ω 为输出量。

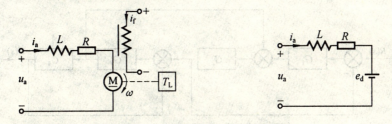

图 2.14 电枢控制式直流电动机

解 该直流电机的原始微分方程列写如下

$$\begin{cases} L\dfrac{di_a}{dt} + i_a R + e_d = u_a \\ e_d = k_d \omega \\ J\dfrac{d\omega}{dt} = T - T_L \\ T = k_m i_a \end{cases}$$

对上述各式在零初始条件下分别进行拉氏变换后，得

$$(Js+R)I_a(s) + E_d(s) = U_a(s)$$
$$E_d(s) = k_d \Omega(s)$$
$$Js\Omega(s) = T(s) - T_L(s)$$

$$T(s)=k_m I_a(s)$$

按各变量的因果关系,分别绘出上述各式的传递函数方框如图 2.15(a) 所示,最后将图中各方框图按信号的流向连接起来,就得到直流电机的传递函数方框图,如图2.15(b) 所示。

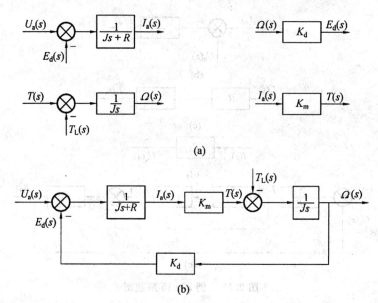

图 2.15 例 2－16 解题图

例 2－17 化简如图 2.16 所示的方框图,并求传递函数。

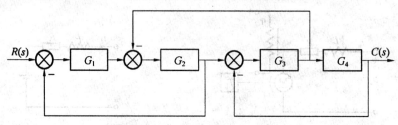

图 2.16 例 2－17 方框图

解 传递函数为

$$\frac{C(s)}{R(s)}=\frac{G_1 G_2 G_3 G_4}{1+G_1 G_2 + G_3 G_4 + G_2 G_3 + G_1 G_2 G_3 G_4}$$

化简过程如图 2.17 所示。

第 2 章　控制系统的数学模型

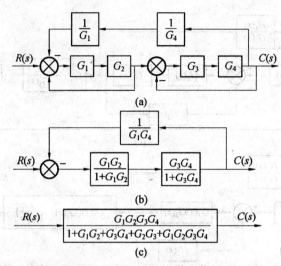

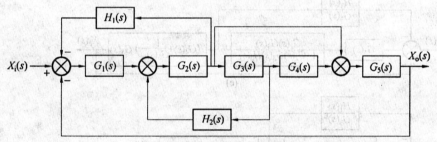

图 2.17　例 2-17 化简方框图

例 2-18　求如图 2.18 所示系统的传递函数 $G(s) = X_o(s)/X_i(s)$。

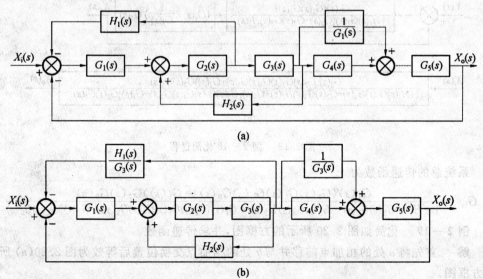

图 2.18　例 2-18 图

解　移动第三、第四个分支点可得图 2.19(a)，再将分支点跨过 G_3 可得图 2.19(b)，将第三个并联回路化简可得图 2.19(c)，原系统可以化简为图 2.19(d)，继续化简，如图 2.19(e)～2.19(h) 所示。

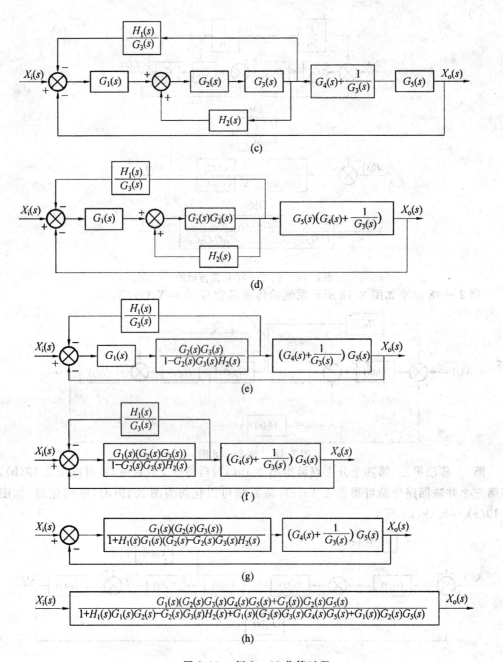

图 2.19 例 2-18 化简过程

系统总的传递函数为

$$G_{(s)} = \frac{G_1(s)(G_2(s)G_3(s)G_4(s)G_5(s)+G_1(s))G_2(s)G_5(s)}{1+H_1(s)G_1(s)G_2(s)-G_2(s)G_3(s)H_2(s)+G_1(s)(G_2(s)G_3(s)G_4(s)G_5(s)+G_1(s))G_2(s)G_5(s)}$$

例 2-19 化简如图 2.20 所示的方框图,并求传递函数。

解 首先将 a 处的相加点前移并与 b 处的相加点交换位置后等效为图 2.20(a) 所示的方框图。

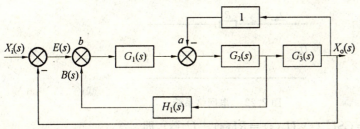

图 2.20　例 2-19 方框图

然后，图 2.21(a) 中 G_1 和 G_2 串联等效后又与 H_1 构成局部反馈，对此局部反馈进行等效变换得图 2.21(b) 所示的方框图。

再利用反馈连接的等效变换图化简，如图 2.21(c) 所示，此系统构成为一个单位负反馈连接。

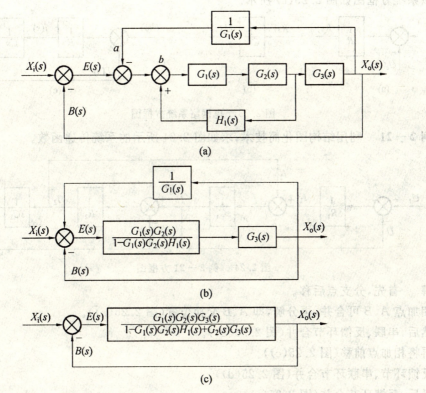

图 2.21　例 2-19 化简过程图

最后可求得系统的传递函数为

$$\frac{X_o(s)}{X_i(s)} = \frac{G_1(s)G_2(s)G_3(s)}{1 - G_1(s)G_2(s)H_1(s) + G_2(s)G_3(s) + G_1(s)G_2(s)G_3(s)}$$

例 2-20　试绘出如图 2.22 所示的电网络系统的方框图。

解　初始微分方程组为

$$\begin{cases} u_r = Ri + u_c \\ i = c\dfrac{du}{dt} \end{cases}$$

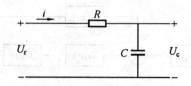

图 2.22 电网络系统

拉氏变换：$I(s) = CSU_c(s), U_r(s) = RI(s) + U_c(s)$，即

$$\begin{cases} \dfrac{U_r(s) - U_c(s)}{R} = I(s) \\ U_c(s) = I(s) \cdot \dfrac{1}{Cs} \end{cases}$$

该系统方框图如图 2.23(c) 所示。

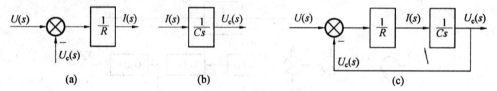

图 2.23 电网络系统方框图

例 2 − 21 利用结构图化简技术，求如图 2.24 所示的系统传递函数。

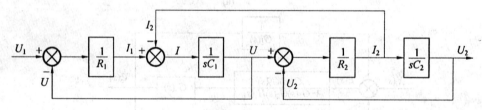

图 2.24 例 2 − 21 方框图

解 首先，分支点后移。
相加点 A、B 可合并，再分解，即 A、B 交换位置（图 2.25(a)）。
然后，串联、反馈环节合并（图 2.25(b)）。
再将相加点前移（图 2.25(c)）。
反馈环节、串联环节合并（图 2.25(d)）。
最后，反馈环节合并（图 2.25(e)）。

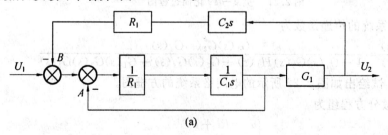

(a)

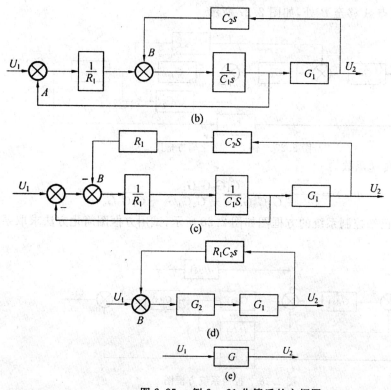

图 2.25　例 2-21 化简后的方框图

反馈环节传递函数为

$$G_2(s) = \frac{\dfrac{1}{R_1} \cdot \dfrac{1}{sC_1}}{1 + \dfrac{1}{R_1} \cdot \dfrac{1}{sC_1}} = \frac{1}{1 + R_1 s C_1}$$

原系统闭环传递函数为

$$G_B(s) = \frac{G_1 G_2}{1 + G_1 G_2 R_1 s C_1}$$

将 G_1、G_2 代入得

$$G_B(s) = \frac{1}{(1 + R_1 s C_1)(1 + R_2 s C_2) + R_1 s C_2}$$

例 2-22　设多环系统的方框图如图 2.26 所示,试对其进行化简,并求其闭环传递函数。

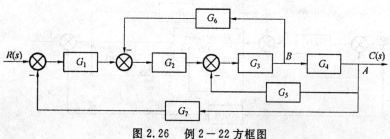

图 2.26　例 2-22 方框图

解 将分支点 A 移至 B 处,如图 2.27 所示。

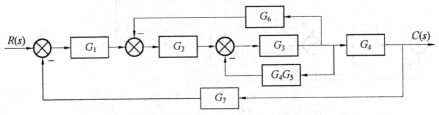

图 2.27 例 2-22 化简方框图

则得系统的闭环传递函数为

$$\Phi(s) = \frac{G_1 G_2 G_3 G_4}{1 + G_1 G_2 G_3 G_4 G_7 + G_3 G_4 G_5 + G_2 G_3 G_6}$$

例 2-23 已知控制系统的方框图如图 2.28 所示,试用方框图简化方法求取系统的传递函数。

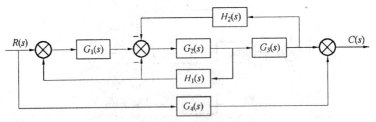

图 2.28 控制系统方框图

方框图简化要点,将回路中的求和点、分支点等效移出回路,避免求和点与分支点交换位置。系统闭环传递函数为

$$\Phi(s) = \frac{G_1 G_2 G_3}{1 + G_2 H_1 - G_1 G_2 H_1 + G_2 G_3 H_2} + G_4$$

解 控制系统简化方框图如图 2.29 所示。

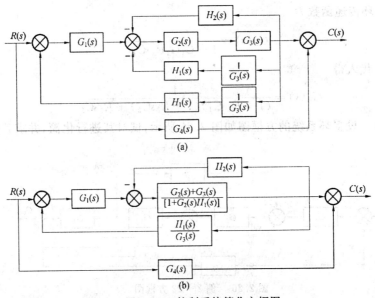

图 2.29 控制系统简化方框图

例 2-24 使用梅森增益公式求图 2.30 所示系统的传递函数。

解 $R(s)$ 与 $C(s)$ 间只有一条前向通路
$$P_1 = G_1 G_2 G_3 G_4$$
信号流图共有三个回路,各回路增益分别为

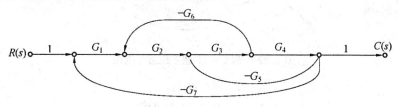

图 2.30 例 2-24 信号流图

$$L_1 = -G_2 G_3 G_6$$
$$L_2 = -G_3 G_4 G_5$$
$$L_3 = -G_1 G_2 G_3 G_4 G_7$$

不存在互不接触回路。
$$\Delta = 1 - (L_1 + L_2 + L_3) = 1 + G_2 G_3 G_6 + G_3 G_4 G_5 + G_1 G_2 G_3 G_4 G_7$$
$$\Delta_1 = 1 (三个回路均与 P_1 接触)$$
$$\frac{C(s)}{R(s)} = \frac{1}{\Delta} P_1 \Delta_1 = \frac{G_1 G_2 G_3 G_4}{1 + G_2 G_3 G_6 + G_3 G_4 G_5 + G_1 G_2 G_3 G_4 G_7}$$

例 2-25 试绘制与图 2.31 中系统方框图对应的信号流图,并用梅森增益公式求传递函数 $C(s)/R(s)$ 和误差传递函数 $E(s)/R(s)$。

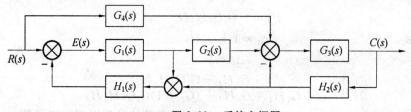

图 2.31 系统方框图

注:依据系统方框图绘制信号流图。

首先确定信号流图中应画出的信号节点,再根据方框图表明的信号流向,用支路及相应的传输连接信号节点。步骤如下:

① 系统的输入为源点,输出为阱点;

② 在方框图的主前向通路上选取信号节点,即相加点后的信号和有分支点的信号,两信号是同一个信号时只作为一个节点;

③ 其他通路上,仅反馈结构求和点后的信号选作节点;

④ 最后,依据信号关系,用支路连接这些节点。

解 信号流如图 2.32 所示。

计算 $C(s)/R(s)$ 和 $E(s)/R(s)$ 过程中,关于回路和特征式的计算是完全相同的,可统一计算。

回路 $$L_1 = -G_1 H_1$$

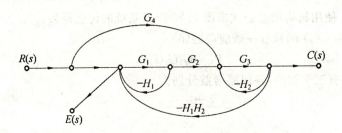

图 2.32 例 2-25 题系统信号流图

$$L_2 = -G_3H_2$$
$$L_3 = -G_1G_2G_3H_1H_2$$

特征式
$$\Delta = 1 + G_1H_1 + G_3H_2 + G_1G_2G_3H_1H_2 + G_1G_3H_1H_2$$

计算 $C(s)/R(s)$：

前向通路
$$P_1 = G_1G_2G_3$$
$$P_2 = G_4G_3$$

特征子式
$$\Delta_1 = 1$$
$$\Delta_2 = 1 + G_1H_1$$

$$\frac{C(s)}{R(s)} = \frac{G_1G_2G_3 + G_4G_3(1+G_1H_1)}{1 + G_1H_1 + G_3H_2 + (G_2+1)G_1G_3H_1H_2}$$

计算 $E(s)/R(s)$：

前向通路
$$P_1 = 1$$
$$P_2 = -G_4G_3H_1H_2$$

特征子式
$$\Delta_1 = 1 + G_3H_2$$
$$\Delta_2 = 1$$

$$\frac{E(s)}{R(s)} = \frac{1 + G_3H_2 - G_4G_3H_1H_2}{1 + G_1H_1 + G_3H_2 + (G_2+1)G_1G_3H_1H_2}$$

例 2-26 设某系统的方框图如图 2.33 所示，试求其信号流图和传递函数。

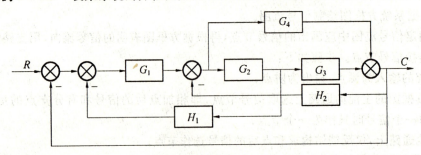

图 2.33 例 2-26 方框图

解 系统信号流图如图 2.34 所示。

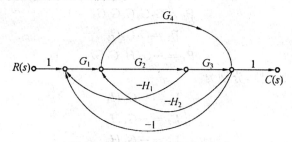

图 2.34 例 2-26 信号流图

$R(s)$ 与 $C(s)$ 间有两条前向通路
$$P_1 = G_1G_2G_3$$
$$P_2 = G_1G_4$$

信号流图有三个回路,各回路增益分别为
$$L_1 = -G_1G_2H_1$$
$$L_2 = -G_2G_3H_2$$
$$L_3 = -G_1G_2G_3$$

不存在两两互不相接触的回路
$$\Delta = 1 - (L_1 + L_2 + L_3) =$$
$$1 - (-G_1G_2H_1 - G_2G_3H_2 - G_1G_2G_3) =$$
$$1 + G_1G_2H_1 + G_2G_3H_2 + G_1G_2G_3$$
$$\Delta_1 = 1(三个回路均与 P_1 接触)$$
$$\Delta_2 = 1(三个回路均与 P_2 接触)$$

所以
$$\frac{G(s)}{R(s)} = P = \frac{1}{\Delta}(P_1\Delta_1 + P_2\Delta_2) =$$
$$\frac{G_1G_2G_3 + G_1G_4}{1 + G_1G_2H_1 + G_2G_3H_2 + G_1G_2G_3}$$

例 2-27 试用梅森增益公式求图 2.35 所示系统信号流图的传递函数 $\dfrac{C(s)}{R(s)}$。

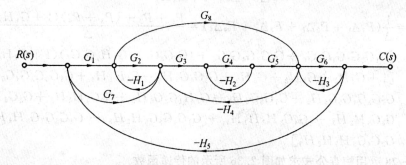

图 2.35 系统信号流图

解 $R(s)$ 与 $C(s)$ 间有四条前向通路

$$P_1 = G_1G_2G_3G_4G_5G_6$$
$$P_2 = G_7G_3G_4G_5G_6$$
$$P_3 = G_1G_8G_6$$
$$P_4 = -G_7H_1G_8G_6$$

信号流图有 9 个回路，分别为
$$L_1 = -G_2H_1$$
$$L_2 = -G_4H_2$$
$$L_3 = -G_6H_3$$
$$L_4 = -G_3G_4G_5H_4$$
$$L_5 = G_8H_1H_4$$
$$L_6 = -G_1G_2G_3G_4G_5G_6H_5$$
$$L_7 = -G_7G_3G_4G_5G_6H_5$$
$$L_8 = -G_1G_8G_6H_5$$
$$L_9 = G_7H_1G_8G_6H_5$$

两两互不相接触的回路
$$L_1L_2 = G_2G_4H_1H_2$$
$$L_1L_3 = G_2G_6H_1H_3$$
$$L_2L_3 = G_4G_6H_2H_3$$
$$L_2L_5 = -G_4G_8H_2H_1H_4$$
$$L_2L_8 = G_1G_4G_6G_8H_2H_5$$
$$L_2H_9 = -G_4G_6G_7G_8H_1H_2H_5$$

三三互不接触的回路
$$L_1L_2L_3 = -G_2G_4G_6H_1H_2H_3$$

$$\Delta = 1 - \sum_{i=1}^{9} L_i + L_1L_2 + L_1L_3 + L_2L_3 + L_2L_5 + L_2L_8 + L_2L_9 - L_1L_2L_3$$

$$\Delta_1 = 1$$
$$\Delta_2 = 1$$
$$\Delta_3 = \Delta_4 = 1 + G_4H_2$$

$$\frac{C(s)}{R(s)} = \frac{1}{\Delta}(P_1\Delta_1 + P_2\Delta_2 + P_3\Delta_3 + P_4\Delta_4) = \frac{P_1 + P_2 + (P_3 + P_4)(1 + G_4H_2)}{\Delta} =$$
$$[G_1G_2G_3G_4G_5G_6 + G_7G_3G_4G_5G_6 + (G_1G_8G_6 - G_7H_1G_8G_6)(1 + G_4H_2)]/$$
$$[1 + G_2H_2 + G_4H_2 + G_6H_3 + G_3G_4G_5H_4 - G_8H_1H_4 + G_1G_2G_3G_4G_5G_6H_5 +$$
$$G_7G_3G_4G_5G_6H_5 + G_1G_8G_6H_5 - G_7H_1G_8G_6H_5 + G_2G_4H_1H_2 + G_2G_6H_1H_3 +$$
$$G_4G_6H_2H_3 - G_4G_8H_2H_1H_4 + G_1G_4G_6G_8H_2H_5 - G_4G_6G_7G_8H_1H_2H_5 +$$
$$G_2G_4G_6H_1H_2H_3]$$

例 2-28 用梅森公式求如图 2.36 所示的传递函数。

解 $R(s)$ 与 $C(s)$ 间有三条前向通路
$$P_1 = G_1G_2G_3k$$

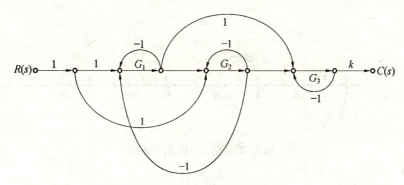

图 2.36 例 2-28 题信号流图

$$P_2 = G_1 G_3 k$$
$$P_3 = G_2 G_3 k$$

信号流图共有四个回路,各回路增益分别为

$$L_1 = -G_3$$
$$L_2 = -G_1 G_2$$
$$L_3 = -G_2$$
$$L_4 = -G_1$$

每两个互不接触的回路增益之积为

$$L_1 L_3 = G_2 G_3$$
$$L_1 L_4 = G_1 G_3$$
$$L_1 L_2 = G_1 G_2 G_3$$
$$L_3 L_4 = G_1 G_2$$

每三个互相不接触的回路增益之积为

$$L_1 L_3 L_4 = -G_1 G_2 G_3$$

$$\Delta = 1 - [L_1 + L_2 + L_3 + L_4 + (L_1 L_3 + L_1 L_4 + L_1 L_2 + L_3 L_4)] - L_1 L_3 L_4 =$$
$$1 + G_1 + G_2 + G_3 + G_1 G_2 + G_2 G_3 + G_1 G_3 + G_1 G_2 G_3 + G_1 G_3 + G_1 G_2 G_3$$

$$\Delta_1 = 1$$
$$\Delta_2 = 1 - L_3 = 1 + G_2$$
$$\Delta_3 = 1 + G_1$$

由梅森公式得

$$P = P_1 \Delta_1 + P_2 \Delta_2 + \frac{P_3 \Delta_3}{\Delta} =$$

$$\frac{G_1 G_2 G_3 k + G_1 G_3 k + G_2 G_3 k}{1 + G_1 + G_2 + G_3 + G_1 G_2 + G_2 G_3 + G_1 G_3 + G_1 G_2 G_3 + G_1 G_3 + G_1 G_2 G_3}$$

例 2-29 用梅森公式求如图 2.37 所示的传递函数。

解 前向通道有

$$P = abcdefgh$$

各个回路的增益为

$$L_1 = bi$$

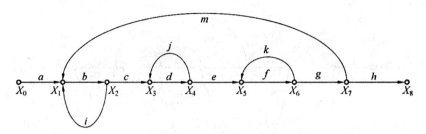

图 2.37 例 2-29 信号流图

$$L_2 = dj$$
$$L_3 = kf$$
$$L_4 = bcdefgm$$

两两互不接触的回路增益为

$$L_1L_2 = bidj$$
$$L_2L_3 = dikf$$
$$L_1L_3 = bikf$$

每三个互不接触的回路增益为

$$L_1L_2L_3 = bidjkf$$
$$\Delta = 1 - (L_1 + L_2 + L_3 + L_4) + (L_1L_2 + L_2L_3 + L_1L_3) =$$
$$1 - bi - dj - kf - bcdefgm + bidj + djkf + bikf - bidjkf$$
$$G(s) = \frac{1}{\Delta}(P_1\Delta_1) = \frac{abcdefgh}{1 - bi - dj - kf - bcdefgm + bidj + djkf + bikf - bidjkf}$$

例 2-30 求如图 2.38 所示方框图的传递函数。

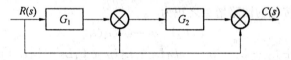

图 2.38 例 2-30 方框图

解 原图可化简为图 2.39。

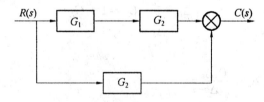

图 2.39 例 2-30 简化方框图

所以系统传递函数为

$$C(s)/R(s) = G_2 + G_1G_2$$

例 2-31 试用梅森公式求取如图 2.40 所示的传递函数。

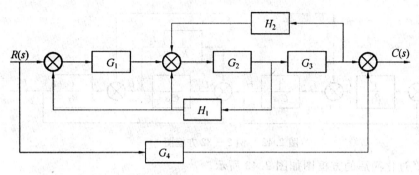

图 2.40　例 2-31 方框图

解　(1) 画出信号流图如图 2.41 所示。

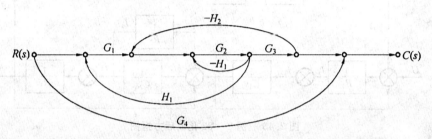

图 2.41　例 2-31 信号流图

各前向通道增益为

$$P_1 = G_1 G_2 G_3$$
$$P_2 = G_4$$

各回路增益为

$$L_1 = -G_2 H_1 = -G_2 H_1$$
$$L_2 = G_1 G_2 H_1$$
$$L_3 = -G_2 G_3 H_2$$

不存在两两互不接触的回路

$$\Delta = 1 - (L_1 + L_2 + L_3)$$
$$\Delta_1 = 1$$
$$\Delta_2 = \Delta$$

由梅森公式

$$P = \frac{P_1 \Delta_1 + P_2 \Delta_2}{\Delta} = \frac{G_1 G_2 G_3}{(1 + G_2 H_1 - G_1 G_2 H_1 + G_2 G_3 H_2)} + G_4$$

例 2-32　试等效化简如图 2.42 所示方框图并求其传递函数。

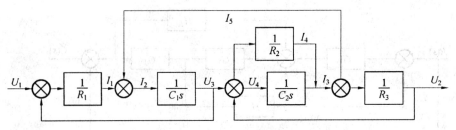

图 2.42　例 2－32 方框图

解　经过化简后的方框图如图 2.43 所示。

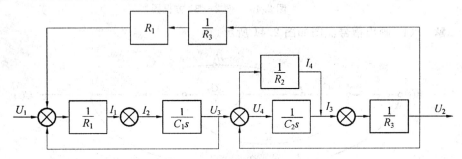

图 2.43　例 2－32 化简后方框图

所以传递函数为

$$\frac{U_2}{U_1} = \frac{R_3(1 + R_2 C_2 s)}{R_1 R_2 R_3 C_1 C_2 s^2 + (R_1 R_2 C_1 + R_1 R_2 C_2 + R_1 R_3 C_2)s + (R_1 + R_2 + R_3)}$$

例 2－33　通过方框图化简和梅森公式求如图 2.44 所示的传递函数 $\dfrac{C(s)}{R(s)}$。

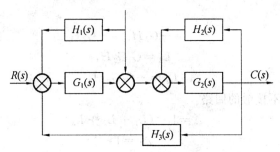

图 2.44　例 2－33 方框图

解　方法一　（图 2.45）

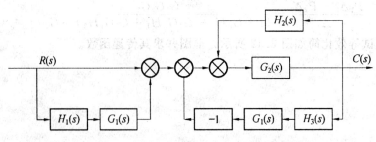

图 2.45　例 2－33 方法一方框图

方框图化简后有
$$\frac{C(s)}{R(s)} = \frac{G_2(s) - G_1(s)G_2(s)H_1(s)}{1 + G_1(s)G_2(s)H_2(s) - G_2(s)H_2(s)}$$

方法二　令 $R(s)=0$ 作信号流图(图2.46)有

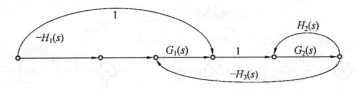

图 2.46　例 2－33 方法二信号流图

前向通道
$$P_1 = G_1(s)G_2(s)$$
$$P_2 = -H_1(s)G_2(s)$$

回路
$$L_1 = -G_1(s)G_2(s)H_3(s)$$
$$L_2 = G_2(s)H_2(s)$$
$$\Delta = 1 - (L_1 + L_2) = 1 + G_1(s)G_2(s)H_3(s) - G_2(s)H_2(s)$$
$$\Delta_1 = 1$$
$$\Delta_2 = 1$$
$$\frac{C(s)}{R(s)} = \frac{P_1\Delta_1 + P_2\Delta_2}{\Delta} = \frac{G_2(s)G_1(s) - G_2(s)H_1(s)}{1 + G_1(s)G_2(s)H_3(s) - G_2(s)H_2(s)}$$

例 2－34　通过方框图的等效简化求取如图2.47所示系统的传递函数 $C(s)/R(s)$。

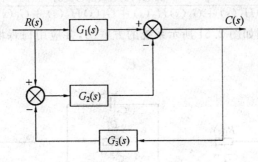

图 2.47　例 2－34 方框图

解　化简后的方框图如图2.48所示。

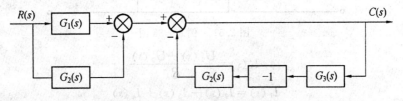

图 2.48　例 2－34 化简后方框图

传递函数为

$$\frac{C(s)}{R(s)} = \frac{G_1(s) - G_2(s)}{1 - G_2(s)G_3(s)}$$

例 2-35 通过方框图的等效化简求取如图 2.49 所示系统的传递函数 $\frac{C(s)}{R(s)}$。

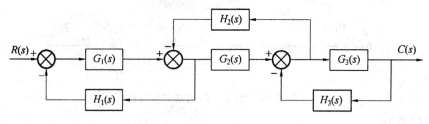

图 2.49　例 2-35 方框图

解　将方框图变换为图 2.50 所示形式。

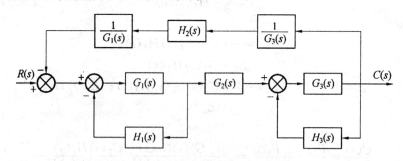

图 2.50　例 2-35 变换后的方框图

$$\frac{C(s)}{R(s)} = \frac{G_1(s)G_2(s)G_3(s)}{1 + G_1(s)H_1(s) + G_2(s)H_2(s) + G_3(s)H_3(s) + G_1(s)H_1(s)G_3(s)H_3(s)}$$

例 2-36 绘制如图 2.51 所示系统的方框图，并应用梅森增益公式求取传递函数 $\frac{U_2(s)}{U_1(s)}$。

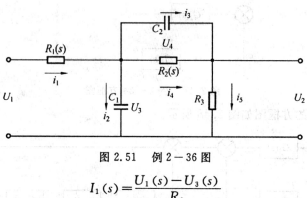

图 2.51　例 2-36 图

解

$$I_1(s) = \frac{U_1(s) - U_3(s)}{R_1}$$

$$I_1(s) = I_2(s) + I_3(s) + I_4(s)$$

$$U_3(s) = \frac{1}{C_1 s} I_2(s)$$

$$U_3 = U_2(s) + U_4(s)$$
$$U_4(s) = \frac{1}{C_2 s} I_3(s)$$
$$I_4(s) = \frac{U_4(s)}{R_2}$$
$$I_5(s) = I_3(s) + I_4(s)$$
$$U_2(s) = R_3 I_5(s)$$

根据方程绘制方框图如图 2.52 所示。可见，方框图中有两条前向通道，它们的传递函数 P_1, P_2 分别为

$$P_1 = \frac{1}{R_1 C_1 s} \cdot C_2 \cdot s \cdot R_3 = \frac{R_3 C_2}{R_1 C_1}$$
$$P_2 = \frac{1}{R_1 C_1 s} \cdot \frac{1}{R_2} \cdot R_3 = \frac{R_3}{R_1 R_2 C_1 s}$$

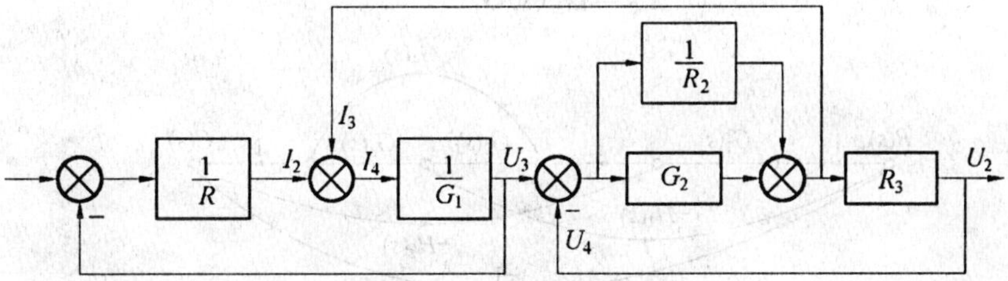

图 2.52 例 2-36 方框图

方框图共有单反馈回路五个，它们的传递函数分别为

$$L_1 = -\frac{1}{R_1 G_1(s)}$$
$$L_2 = -R_3 G_2(s)$$
$$L_3 = -\frac{1}{G_1(s)} G_2(s) = -\frac{G_2}{G_1}$$
$$L_4 = -\frac{1}{R_2} R_3 = -\frac{R_3}{R_2}$$
$$L_5 = -\frac{1}{G_1 s} \cdot \frac{1}{R_2} = -\frac{1}{R_2 G_1(s)}$$

两两互不相接触的回路有 $L_1 L_2$ 及 $L_1 L_4$，不存在三个以上互不接触的回路，求得

$$\Delta = 1 - (L_1 + L_2 + L_3 + L_4 + L_5) + L_1 L_2 + L_3 L_4$$
$$\Delta_1 = \Delta_2 = 1$$

应用梅森公式求得传递函数为

$$\frac{U_2(s)}{U_1(s)} = \frac{1}{\Delta}(P_1 \Delta_1 + P_2 \Delta_2) = \frac{\dfrac{R_3 G_2}{R_1 G_1} + \dfrac{R_3}{R_1 R_2 G_1}}{1 - \left(-\dfrac{1}{R_1 G_1} - R_3 G_3 - \dfrac{G_2}{G_1} - \dfrac{R_3}{R_2} - \dfrac{1}{R_2 G_1}\right) + \left(\dfrac{R_3 G_2}{R_1 G_2} + \dfrac{R_3 G_2}{R_2 G_1}\right)} =$$

$$\frac{R_3 + R_2 R_3 G_2}{R_1 + R_2 + R_1 R_2 G_1 + R_1 R_2 G_2 + R_1 R_3 G_1 + R_2 R_3 G_3 + R_1 R_3 G_2 + R_1 R_2 R_3 G_1 G_3}$$

例 2－37 试应用梅森增益公式求取如图 2.53 所示系统的传递函数 $\dfrac{C(s)}{R(s)}$。

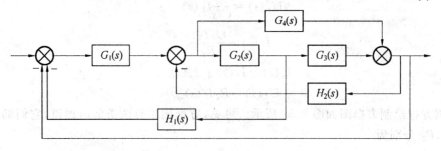

图 2.53 例 2－37 方框图

解 信号流图如图 2.54 所示,共有两条前向通道,通路增益分别为
$$P_1 = G_1(s)G_2(s)G_3(s)$$
$$P_2 = G_1(s)G_4(s)$$

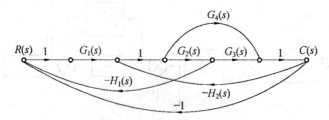

图 2.54 例 2－37 信号流图

不存在两两互不接触回路,所以
$$\Delta = 1 - (L_1 + L_2 + L_3 + L_4 + L_5)$$
两条前向通道均与所有回路均有接触,所以
$$\Delta_1 = 1$$
$$\Delta_2 = 1$$

$$\dfrac{C(s)}{R(s)} = \dfrac{P_1\Delta_1 + P_2\Delta_2}{\Delta} =$$

$$\dfrac{G_1(s)G_2(s)G_3(s) + G_1(s)G_4(s)}{1 + G_1(s)G_2(s)G_3(s) + G_1(s)G_4(s) + G_1(s)G_2(s)H_1(s) + G_2(s)G_3(s)H_2(s) + G_4(s)H_2(s)}$$

例 2－38 已知系统方框图如图 2.55 所示,试求闭环传递函数 $\dfrac{C(s)}{R(s)}$ 及以输入端定义的误差传递函数 $\dfrac{E(s)}{R(s)}$。

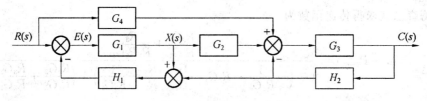

图 2.55 例 2－38 方框图

解 方法一 信号流图法

系统信号流图如图2.56所示。

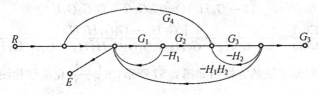

图2.56 例2－38信号流图

所有回路为
$$L_1 = -G_1H_1$$
$$L_2 = -G_3H_2$$
$$L_3 = -G_1G_2G_3H_1H_2$$

两两互不相接触的回路为
$$L_1L_2 = G_1G_3H_1H_2$$
$$\Delta = 1 + G_1H_1 + G_3H_2 + G_1G_2G_3H_1H_2 + G_1G_3H_1H_2$$

计算 $\dfrac{C(s)}{R(s)}$：
$$P_1 = G_1G_2G_3$$
$$P_2 = G_3G_4$$
$$\Delta_1 = 1$$
$$\Delta_2 = 1 + G_1H_1$$
$$\frac{C(s)}{R(s)} = \frac{G_1G_2G_3 + G_3G_4(1+G_1H_1)}{1 + G_1H_1 + G_3H_2 + G_1G_2G_3H_1H_2 + G_1G_3H_1H_2}$$

计算 $\dfrac{E(s)}{R(s)}$：
$$P_1 = 1$$
$$P_2 = -G_3G_4H_1H_2$$
$$\Delta_1 = 1 + G_3H_2$$
$$\Delta_2 = 1$$
$$\frac{E(s)}{R(s)} = \frac{1 + G_3H_2 - G_3G_4H_1H_2}{1 + G_1H_1 + G_3H_2 + G_1G_2G_3H_1H_2 + G_1G_3H_1H_2}$$

方法二 消元法
$$E = R - H_1X - H_1H_2C$$
$$X = G_1E$$
$$C = G_3G_4R + G_2G_3X - G_3H_2C$$

消去 X、E，计算闭环传递函数 $C(s)/R(s)$
$$(1 + G_1H_1)X = G_1R - G_1H_1H_2C$$
$$G_2G_3X = -G_3G_4R + (1 + G_3H_2)C$$
$$\frac{C(s)}{R(s)} = \frac{G_1G_2G_3 + G_3G_4(1+G_1H_1)}{1 + G_1H_1 + G_3H_2 + G_1G_2G_3H_1H_2 + G_1G_3H_1H_2}$$

消去 X,C，计算闭环传递函数 $E(s)/R(s)$

$$H_1 H_2 C = R - (1+G_1 H_1)E$$
$$(1+G_3 H_2)C = G_3 G_4 R + G_1 G_2 G_3 E$$
$$\frac{E(s)}{R(s)} = \frac{1+G_3 H_2 - G_3 G_4 H_1 H_2}{1+G_1 H_1 + G_3 H_2 + G_1 G_2 G_3 H_1 H_2 + G_1 G_3 H_1 H_2}$$

例 2-39 控制系统的方框图如图 2.57 所示，求 $\dfrac{C(s)}{R(s)}$（化简结构图要有步骤，若用信号流图法要画出信号流图）。

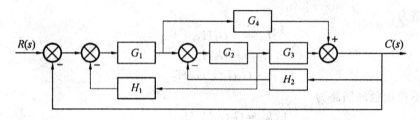

图 2.57　例 2-39 方框图

解　方法一　信号流图法

系统信号流图如图 2.58 所示。

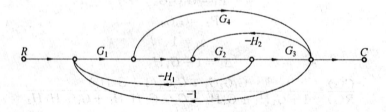

图 2.58　例 2-39 信号流图

前向通道

$$P_1 = G_1 G_2 G_3$$
$$P_2 = G_1 G_4$$

回路

$$L_1 = -G_1 G_2 H_1$$
$$L_2 = G_1 G_4 H_2 G_2 H_1$$
$$L_3 = -G_2 G_3 H_2$$
$$L_4 = -G_1 G_2 G_3$$
$$L_5 = -G_1 G_4$$

特征式

$$\Delta = 1 + G_1 G_2 H_1 - G_1 G_2 G_4 H_1 H_2 + G_2 G_3 H_2 + G_1 G_2 G_3 + G_1 G_4$$
$$\Delta_1 = 1$$
$$\Delta_2 = 1$$

$$\frac{C(s)}{R(s)} = \frac{G_1 G_2 G_3 + G_1 G_4}{1 + G_1 G_2 H_1 - G_1 G_2 G_4 H_1 H_2 + G_2 G_3 H_2 + G_1 G_2 G_3 + G_1 G_4}$$

方法二 消元法(图 2.59)

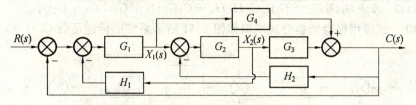

图 2.59 例 2-39 消元法方框图

$$X_1 = G_1 R - G_1 H_1 X_2 - G_1 C$$
$$X_2 = G_2 X_1 - G_2 H_2 C$$
$$C = G_3 X_2 + G_4 X_1$$

消去 X_1, X_2,计算闭环传递函数 $\dfrac{C(s)}{R(s)}$,由前两个等式得到

$$X_2 = \frac{G_1 G_2}{1 + G_1 G_2 H_1} R - \frac{G_1 G_2 + G_2 H_2}{1 + G_1 G_2 H_1} C$$

$$X_1 = \frac{G_1}{1 + G_1 G_2 H_1} R + \frac{G_1 G_2 H_2 - G_1}{1 + G_1 G_2 H_1} C$$

代入第三式,整理后,得到

$$\frac{C(s)}{R(s)} = \frac{G_1 G_2 G_3 + G_1 G_4}{1 + G_1 G_2 H_1 - G_1 G_2 G_4 H_1 H_2 + G_2 G_3 H_2 + G_1 G_2 G_3 + G_1 G_4}$$

方法三 方框图简化(图 2.60)

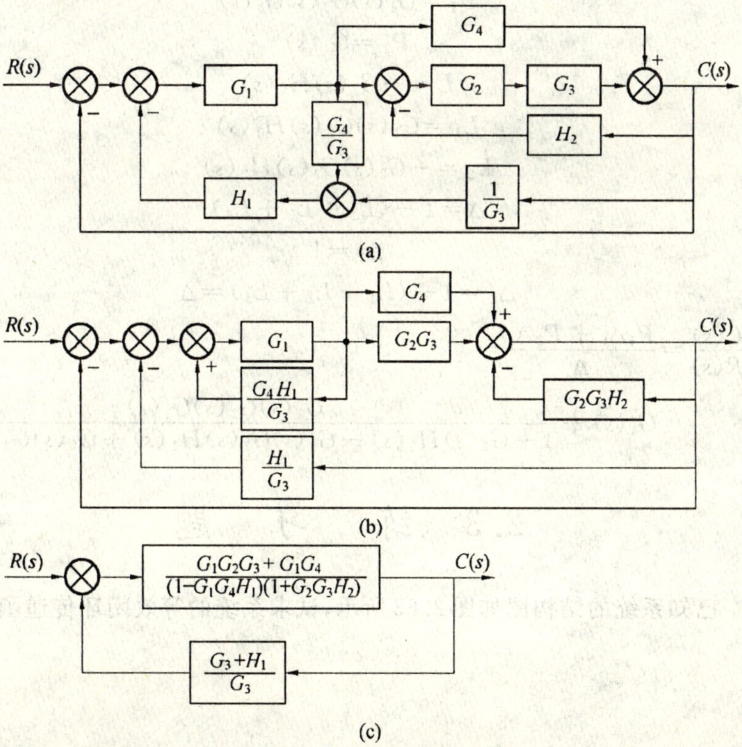

图 2.60 例 2-39 化简方框图

$$\frac{C(s)}{R(s)} = \frac{G_1 G_2 G_3 + G_1 G_4}{1 + G_1 G_2 H_1 - G_1 G_2 G_4 H_1 H_2 + G_2 G_3 H_2 + G_1 G_2 G_3 + G_1 G_4}$$

例 2－40 试应用梅森增益公式求取如图 2.61 所示系统的传递函数 $C(s)/R(s)$。

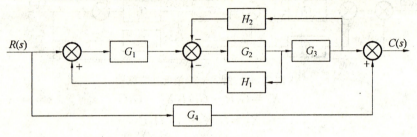

图 2.61 例 2－40 方框图

解 信号流图如图 2.62 所示。

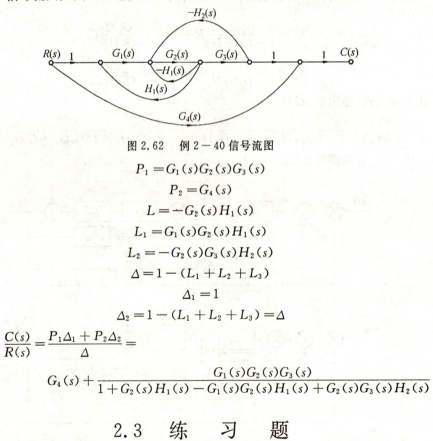

图 2.62 例 2－40 信号流图

$$P_1 = G_1(s) G_2(s) G_3(s)$$
$$P_2 = G_4(s)$$
$$L = -G_2(s) H_1(s)$$
$$L_1 = G_1(s) G_2(s) H_1(s)$$
$$L_2 = -G_2(s) G_3(s) H_2(s)$$
$$\Delta = 1 - (L_1 + L_2 + L_3)$$
$$\Delta_1 = 1$$
$$\Delta_2 = 1 - (L_1 + L_2 + L_3) = \Delta$$
$$\frac{C(s)}{R(s)} = \frac{P_1 \Delta_1 + P_2 \Delta_2}{\Delta} =$$
$$G_4(s) + \frac{G_1(s) G_2(s) G_3(s)}{1 + G_2(s) H_1(s) - G_1(s) G_2(s) H_1(s) + G_2(s) G_3(s) H_2(s)}$$

2.3 练 习 题

2－1 已知系统的结构图如图 2.63 所示,试求系统的等效闭环传递函数及等效开环传递函数。

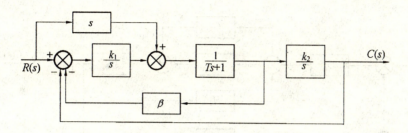

图 2.63 练习题 2-1 图

2-2 化简方块图，求如图 2.64 所示系统传递函数 $C(s)/R(s)$。

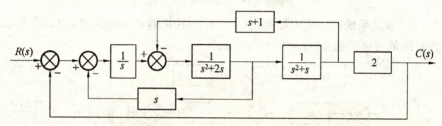

图 2.64 练习题 2-2 图

2-3 化简方块图，求如图 2.65 所示系统传递函数 $C(s)/R(s)$。

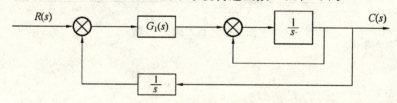

图 2.65 练习题 2-3 图

2-4 化简方块图，求如图 2.66 所示系统传递函数 $C(s)/R(s)$，$C(s)/E(s)$。

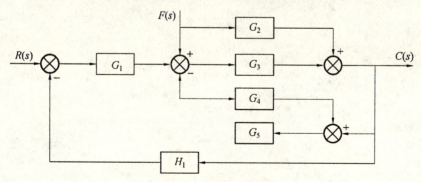

图 2.66 练习题 2-4 图

2-5 设系统结构图如图 2.67 所示。图中 $R(s)$ 为输入量，$E(s)$ 为干扰信号，$C(s)$ 为输出量。分别求出该系统的传递函数 $\Phi(s) = C(s)/R(s)$ 和扰动传递函数 $\Phi_f(s) = C(s)/E(s)$。

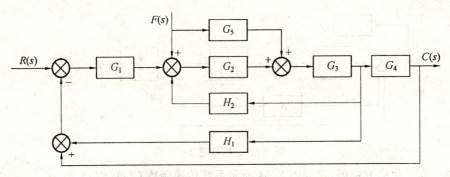

图 2.67　练习题 2－5 图

2－6　设某系统的结构图如图 2.68 所示。图中 $R(s)$ 为输入量，$C(s)$ 为输出量，分别求出该系统的传递函数 $\Phi(s) = C(s)/R(s)$。

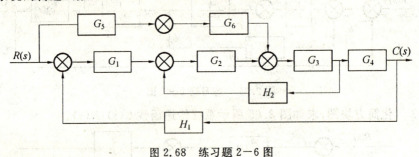

图 2.68　练习题 2－6 图

第3章 线性系统的时域分析法

3.1 知识点归纳

3.1.1 性能指标

1. 典型输入信号

在分析和设计控制系统时,为了便于对各种控制系统的性能进行比较,需要假定一些基本的输入函数形式,称为典型输入信号。典型输入信号是指系统经常遇到的输入信号形式,在数学描述上加以理想化的一些基本输入函数。控制系统中常用典型输入信号有单位阶跃函数、单位斜坡(速度)函数、单位抛物线(加速度)函数、单位脉冲函数和正弦函数,见表3.1。

表3.1 典型输入信号

名称	时域表达式	复域表达式
单位阶跃函数	$1(t), t \geq 0$	$\dfrac{1}{s}$
单位斜坡函数	$t, t \geq 0$	$\dfrac{1}{s^2}$
单位加速度函数	$\dfrac{1}{2}t^2, t \geq 0$	$\dfrac{1}{s^3}$
单位脉冲函数	$\delta(t), t \geq 0$	1
正弦函数	$A\sin \omega t$	$\dfrac{A\omega}{s^2 + \omega^2}$

2. 动态过程与稳态过程

在典型输入信号作用下,任何一个控制系统的时间响应都由动态过程和稳态过程两部分组成。

(1) 动态过程。

动态过程又称过渡过程或瞬态过程,指系统在典型输入信号作用下,系统输出量从初始状态到最终状态的响应过程。根据系统结构和参数选择情况,动态过程表现为衰减、发散或等幅振荡形式。一个控制系统的动态过程是用动态性能来描述的。

(2) 稳态过程。

稳态过程指系统在典型输入信号作用下,当时间 t 趋于无穷时,系统输出量的表现方式。稳态过程又称稳态响应,表征系统输出量最终复现输入量的程度,提供系统有关稳态误差的信息,用稳态性能描述。

3. 动态性能与稳态性能

(1) 描述稳定的系统在单位阶跃函数作用下,瞬态过程随时间 t 变化状况的指标,称为动态性能指标。对于图 3.1 所示单位阶跃响应,其动态性能指标为:

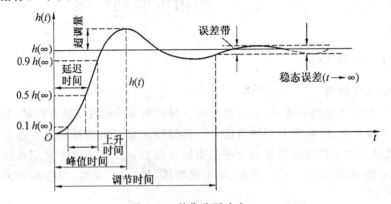

图 3.1 单位阶跃响应

① 延迟时间 t_d:响应曲线第一次达到终值一半所需的时间。

② 上升时间 t_r:响应从终值 10% 上升到 90% 所需的时间,亦可定义为响应从零第一次上升到终值所需的时间;

③ 峰值时间 t_p:响应超过终值到达第一峰值所需的时间;

④ 调节时间 t_s:响应到达并保持在终值 ±5% 误差范围内所需的最小时间;

⑤ 超调量 $\sigma_p\%$:响应的最大偏差量减去终值与终值之比的百分数,即

$$\sigma_p\% = \frac{h(t_p) - h(\infty)}{h(\infty)} \times 100\% \tag{3.1}$$

(2) 稳态误差是描述系统稳态性能的一种性能指标,通常在阶跃函数、斜坡函数或加速度函数作用下进行测定或计算。若时间趋于无穷时,系统的输出量不等于输入量的确定函数,则系统存在稳态误差。稳态误差是系统控制精度或抗扰动能力的一种度量。

3.1.2 一阶系统的时域分析

凡用一阶微分方程描述的系统称为一阶系统。控制工程实践中的 *RC* 四端网络、室温控制系统、恒温箱及水位调节系统,均属于一阶系统。

1. 数字模型

描述一阶系统响应过程的微积分方程标准形式是

$$T\frac{dc(t)}{dt} + c(t) = Kr(t) \tag{3.2}$$

式中,$c(t)$ 为一阶系统输出量;$r(t)$ 为输入量;T 为时间常数,表示系统的惯性,具有时间因次,一般为秒;K 为系统增益。

在零初始条件下,对式(3.2)进行拉氏变换,可得一阶系统的频域数字模型,即传递函数为

$$\Phi(s) = \frac{C(s)}{R(s)} = \frac{k}{Ts+1} \tag{3.3}$$

2. 时间响应

令系统输入 $r(t)$ 分别为单位脉冲函数、单位阶跃函数、单位斜坡函数或单位加速度函数,代入式(3.3),并取拉氏变换,可得如下一阶系统时间响应。

(1) 单位脉冲响应

$$\delta(t) = \frac{K}{T} e^{-\frac{t}{T}}, \quad t \geqslant 0 \tag{3.4}$$

(2) 单位阶跃响应

$$h(t) = K(1 - e^{-\frac{t}{T}}), \quad t \geqslant 0 \tag{3.5}$$

(3) 单位斜坡响应

$$c(t) = Kt - KT(1 - e^{-\frac{t}{T}}), \quad t \geqslant 0 \tag{3.6}$$

(4) 单位加速度响应

$$c(t) = \frac{1}{2}Kt^2 - KTt + KT^2(1 - e^{-\frac{t}{T}}), \quad t \geqslant 0 \tag{3.7}$$

3. 动态性能指标

当 $r(t) = 1(t)$ 时,利用式(3.5),根据动态性能指标定义,可得延迟时间 $t_d = 0.69T$,上升时间为

$$t_r = 2.20T \tag{3.8}$$

调节时间为

$$t_s = \begin{cases} 3T, \text{取 } \Delta = 5\% \\ 4T, \text{取 } \Delta = 2\% \end{cases} \tag{3.9}$$

而峰值时间 t_p 与超超调量 $\sigma\%$ 都不存在。

3.1.3 二阶系统的性能分析

凡以二阶微积分方程作为运动方程的控制系统,都称为二阶系统。二阶系统的频域数学模型一般为

$$\Phi(s) = \frac{C(s)}{R(s)} = \frac{\omega_n^2}{s^2 + 2\xi\omega_n s + \omega_n^2} \tag{3.10}$$

式中,ω_n 为自然频率;ξ 为阻尼比。

若 $0 < \xi < 1$,则称为欠阻尼二阶系统;若 $\xi = 1$,则称为临界阻尼二阶系统;若 $\xi > 1$,

则称为过阻尼二阶系统。

1. 欠阻尼二阶系统

当 $0<\xi<1$ 时,二阶系统称为欠阻尼二阶系统。欠阻尼二阶系统有一对共轭复根

$$s_{1,2} = -\xi\omega_n \pm j\omega_n\sqrt{(1-\xi^2)} \tag{3.11}$$

(1) 单位脉冲响应

当 $r(t)=\delta(t)$ 时,有

$$k(t) = \frac{\omega_n}{\sqrt{1-\xi^2}} e^{-\xi\omega_n t} \sin\omega_n\sqrt{1-\xi^2}\,t, \quad t \geqslant 0 \tag{3.12}$$

(2) 单位阶跃响应。

令 $r(t)=1(t)$,则有

$$h(t) = 1 - \frac{1}{\sqrt{1-\xi^2}} e^{-\xi\omega_n t} \sin(\omega_n\sqrt{1-\xi^2}\,t + \theta) \tag{3.13}$$

其中

$$\theta = \arctan\frac{\sqrt{1-\xi^2}}{\xi} = \arccos\xi \tag{3.14}$$

其动态性能指标计算公式如下:

延迟时间为

$$t_d = \frac{1+0.6\xi+0.2\xi^2}{\omega_n} \tag{3.15}$$

上升时间为

$$t_r = \frac{\pi-\beta}{\omega_n\sqrt{1-\xi^2}} \tag{3.16}$$

峰值时间为

$$t_p = \frac{\pi}{\omega_n\sqrt{1-\xi^2}} \tag{3.17}$$

调节时间为

$$t_s = \frac{3}{\xi\omega_n} \tag{3.18}$$

超调量为

$$\sigma\% = e^{-\pi\xi/\sqrt{1-\xi^2}} \times 100\% \tag{3.19}$$

(3) 单位斜坡响应。

令 $r(t)=t$,则有

$$c(t) = t - \frac{2\xi}{\omega_n} + \frac{e^{-\xi\omega_n t}}{\omega_n\sqrt{1-\xi^2}} \sin(\omega_n\sqrt{1-\xi^2}\,t + 2\beta), \quad t \geqslant 0 \tag{3.20}$$

其误差响应为

$$e(t) = r(t) - c(t) = \frac{2\xi}{\omega_n} - \frac{e^{-\xi\omega_n t}}{\omega_n\sqrt{1-\xi^2}} \sin(\omega_n\sqrt{1-\xi^2}\,t + 2\beta) \tag{3.21}$$

衡量单位斜坡响应的动态性能指标如下:

误差响应峰值时间为

$$t_p = \frac{\pi - \beta}{\omega_n \sqrt{1-\xi^2}} \tag{3.22}$$

误差响应最大偏离量为

$$e_m = \frac{1}{\omega_n} e^{-\xi \omega_n t_p} \tag{3.23}$$

误差响应调节时间为

$$t_s = \frac{3}{\xi \omega_n} \tag{3.24}$$

2. 临界阻尼二阶系统

当 $\xi = 1$ 时，二阶系统称为临界阻尼二阶系统。临界阻尼二阶系统有两个相等的负实根

$$s_1 = s_2 = -\omega_n$$

(1) 单位脉冲响应。

当 $r(t) = \delta(t)$ 时，有

$$k(t) = \omega_n^2 t e^{-\omega_n t}, \quad t \geq 0 \tag{3.25}$$

(2) 单位阶跃响应。

当 $r(t) = 1(t)$ 时，有

$$h(t) = 1 - e^{-\omega_n t}(1 + \omega_n t), \quad t \geq 0 \tag{3.26}$$

(3) 单位斜坡响应。

当 $r(t) = t$ 时，有

$$c(t) = t - \frac{2}{\omega_n} + \frac{2}{\omega_n}\left(1 + \frac{1}{2}\omega_n t\right) e^{-\omega_n t}, \quad t \geq 0 \tag{3.27}$$

3. 过阻尼二阶系统

当 $\xi > 1$ 时，二阶系统称为过阻尼二阶系统。过阻尼二阶系统有两个不相等的负实根。

$$s_{1,2} = -\xi \omega_n \pm \omega_n \sqrt{\xi^2 - 1} \tag{3.28}$$

(1) 单位脉冲响应。

当 $r(t) = \delta(t)$ 时，有

$$k(t) = \frac{1}{T_1 - T_2}(e^{-\frac{t}{T_1}} - e^{-\frac{t}{T_2}}), \quad t \geq 0 \tag{3.29}$$

式中

$$T_1 = \frac{1}{\omega_n(\xi - \sqrt{\xi^2 - 1})}, \quad T_2 = \frac{1}{\omega_n(\xi + \sqrt{\xi^2 - 1})} \tag{3.30}$$

(2) 单位阶跃响应。

当 $r(t) = 1(t)$ 时，有

$$h(t) = 1 - \frac{T_1}{T_1 - T_2} e^{-\frac{t}{T_1}} + \frac{T_2}{T_1 - T_2} e^{-\frac{t}{T_2}}, \quad t \geq 0 \tag{3.31}$$

(3) 单位斜坡响应。

当 $r(t)=t$ 时,有

$$c(t)=t-\frac{2\xi}{\omega_n}+\frac{T_1^2}{T_1-T_2}e^{-\frac{t}{T_1}}-\frac{T_2^2}{T_1-T_2}e^{-\frac{t}{T_2}}, \quad t\geqslant 0 \tag{3.32}$$

其误差响应为

$$e(t)=\frac{2\xi}{\omega_n}-\frac{T_1^2}{T_1-T_2}e^{-\frac{t}{T_1}}+\frac{T_2^2}{T_1-T_2}e^{-\frac{t}{T_2}}, \quad t\geqslant 0 \tag{3.33}$$

3.1.4 高阶系统的时域分析

1. 传递函数

系统的传递函数为

$$G(s)=\frac{R(s-z_1)(s-z_2)\cdots(s-z_m)}{(s-s_1)(s-s_2)\cdots(s-s_n)} \tag{3.34}$$

单位阶跃响应为

$$C(s)=\frac{K\prod_{i=1}^{m}(s-z_i)}{\prod_{j=1}^{q}(s-s_j)\prod_{k=1}^{r}(s^2+2\xi_k\omega_k s+\omega_k^2)}\cdot\frac{1}{s} \tag{3.35}$$

2. 分析

我们常采用主导极点的方法来对高阶系统进行分析。如果在所有的闭环极点中,距虚轴最近的极点周围没有闭环零点,而其他闭环极点又远离虚轴,那么距虚轴最近的闭环极点所对应的响应分量,随时间的推移衰减缓慢,无论从指数还是从系数来看,在系统的时间响应过程中起主导作用,这样的闭环极点就称为闭环主导极点。除闭环主导极点外,所有其他闭环极点由于其对应的响应分量随时间的推移而迅速衰减,对系统的时间响应过程影响甚微,因而统称为非主导极点。应用闭环主导极点的概念,可以用二阶系统的动态性能指标来估算高阶系统的动态性能。

3.1.5 稳定性分析

1. 判别线性系统稳定性的基本方法

设线性定常系统闭环传递函数为

$$\Phi(s)=\frac{b_0 s^m+b_1 s^{m-1}+\cdots+b_{m-1}s+b_m}{a_0 s^n+a_1 s^{n-1}+\cdots+a_{n-1}s+a_n}=\frac{M(s)}{D(s)}, \quad m\leqslant n \tag{3.36}$$

式中

$$D(s)=a_0 s^n+a_1 s^{n-1}+\cdots+a_{n-1}s+a_n$$

称为系统特征多项式。令 $D(s)=0$,则得到系统特征方程。

判别线性定常系统稳定性的基本方法有如下几种:

(1) 特征方程法。

系统稳定的充分必要条件是系统特征方程的所有根或闭环传递函数的所有极点均位于 s 左半平面。

系统稳定的必要但非充分条件是特征方程各项系数非零且同号。

(2) 特征值判据法。

设系统闭环传递函数的一个实现可写成如下状态空间表达式：
$$Y(t) = CX(t)$$
$$\dot{x}(t) = Ax(t) + Bu(t) \tag{3.37}$$

在零输入[即 $u(t)=0$]的情况下，若系统原平衡状态 $x_e = 0$，它对任意初始状态 x_0 均有
$$\lim_{t \to \infty} \| x(t) \| \to 0$$

则称系统是渐进稳定的，简称稳定。由于系统的稳定性由矩阵 A 的特征值决定，所以系统稳定的充分必要条件是矩阵 A 的所有特征值均为负实数或有负实数。

(3) 代数判据法。

根据特征方程的系数来判断特征法方程根的实部符号，从而判定系统的稳定性，常用的代数判据有赫尔维茨判据和劳斯判据两种。

(4) 根轨迹法。

这是一种图解求根法。在 s 平面上，从开环极点位置出发，令开环系统某一参数（开环增益或时间常数）从零变至无穷，根据一套简易法则画出闭环系统根的变化轨迹，从而判断现有参数下闭环系统是否稳定。由此可决定使闭环系统稳定的参数变化范围。具体方法见第 4 章。

(5) 频率稳定判据法。

根据开环频率特性曲线或开环对数频率特性曲线来判断闭环系统的稳定性。由此可决定使闭环系统稳定的开环增益范围。由于频率特性曲线可由实验方法获取，因而比较实用。具体方法见第 5 章。

2. 赫尔维茨(Routh-hurwitz)稳定判据

(1) 线性定常系统稳定的必要条件是系统的特征多项式系数全不为零且系数同号。

(2) 线性定常系统稳定的充分必要条件是系统的赫尔维茨行列式全大于零。设线性定常系统的特征方程为
$$a_0 s^n + a_1 s^{n-1} + \cdots + a_{n-1} s + a_n = 0$$

由系统特征方程各项系数所构成的主行列式

$$\Delta_n = \begin{vmatrix} a_1 & a_3 & a_5 & \cdots & 0 & 0 \\ a_0 & a_2 & a_4 & \cdots & 0 & 0 \\ 0 & a_1 & a_3 & \cdots & 0 & 0 \\ 0 & a_0 & a_2 & \cdots & 0 & 0 \\ 0 & 0 & a_1 & \cdots & 0 & 0 \\ \vdots & \vdots & \vdots & & \vdots & \vdots \\ 0 & 0 & 0 & \cdots & a_n & 0 \\ 0 & 0 & 0 & \cdots & a_{n-1} & 0 \\ 0 & 0 & 0 & \cdots & a_{n-2} & a_n \end{vmatrix}$$

赫尔维茨判据如下：系统稳定的充分必要条件是在 $a_0 > 0$ 的情况下，上述行列式的各

阶主子式均大于零，即

$$\Delta_1 = a_1 > 0$$

$$\Delta_2 = \begin{vmatrix} a_1 & a_3 \\ a_0 & a_2 \end{vmatrix} > 0, \cdots, \Delta_n > 0$$

3. 劳斯(Routh) 稳定判据

设闭环系统的特征方程为

$$D(s) = a_0 s^n + a_1 s^{n-1} + \cdots + a_{n-1} s + a_n = 0$$

其根具有负实部的必要条件为：

(1) 特征方程各项系数不全为零；

(2) 各项系数均为正值。

系统稳定的充分条件可以用如下的劳斯判据来判别。

劳斯表见表 3.2。

表 3.2　劳斯表

s^n	a_0	a_2	a_4	a_6	$\cdots$
s^{n-1}	a_1	a_3	a_5	a_7	$\cdots$
s^{n-2}	$c_{13} = \dfrac{a_1 a_2 - a_0 a_3}{a_1}$	$c_{23} = \dfrac{a_1 a_4 - a_0 a_5}{a_1}$	$c_{33} = \dfrac{a_1 a_6 - a_0 a_7}{a_1}$	c_{43}	$\cdots$
s^{n-3}	$c_{14} = \dfrac{c_{13} a_3 - a_1 c_{23}}{c_{13}}$	$c_{24} = \dfrac{c_{13} a_5 - a_1 c_{33}}{c_{13}}$	$c_{34} = \dfrac{c_{13} a_7 - a_1 c_{43}}{c_{13}}$	c_{44}	$\cdots$
s^{n-4}	$c_{15} = \dfrac{c_{14} c_{23} - c_{13} c_{24}}{c_{14}}$	$c_{25} = \dfrac{c_{14} c_{33} - c_{13} c_{34}}{c_{14}}$	$c_{35} = \dfrac{c_{14} c_{43} - c_{13} c_{44}}{c_{14}}$	c_{45}	$\cdots$
$\cdots$	$\cdots$	$\cdots$	$\cdots$	$\vdots$	$\cdots$
s^2	$c_{1,n-1}$	$c_{2,n-1}$	$\cdots$	$\vdots$	$\cdots$
s^1	$c_{1,n}$			$\vdots$	$\cdots$
s^0	$c_{1,n+1} = a_n$	$\cdots$	$\cdots$	$\vdots$	$\cdots$

劳斯稳定判据为：系统稳定充分必要条件是劳斯表中第一列系数均为正值。如果劳斯表第一项出现小于零的值，系统就不稳定，若第一列的系数有正、负号的变化，则其变化的次数就是特征方程的正实部根的个数。

3.1.6　反馈控制系统的误差与稳态误差

1. 误差与稳态误差

(1) 误差定义。

常见的误差定义有两种：从系统输入端定义的误差 $E(s)$，如图 3.2(a) 所示；从系统输出端定义的误差 $E'(s)$，是系统输出量的希望值 $R'(s)$ 与实际值 $C(s)$ 之差。前者在实际系统中是可量测的，具有一定的物理意义，而后者一般只有数学意义。将图 3.2(a) 等效变换为图 3.2(b),可以看出 $E(s)$ 与 $E'(s)$ 之间有对应关系,$E'(s)=E(s)/H(s)$。对于单位反馈系统来说,这两种定义是等价的。

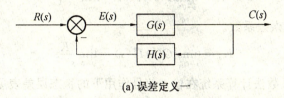

(a) 误差定义一

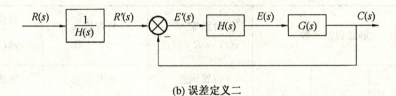

(b) 误差定义二

图 3.2 控制系统的两种误差定义

实际应用中,误差还有其他定义[比如 $E(s)=R(s)-C(s)$],应根据题意确定,按要求解题。

(2) 稳态误差定义。

定义一 稳态误差 e_{ss} 是系统误差响应达到稳态时的值。

定义二 稳态误差 $e_{ss}(t)$ 是系统误差 $e(t)$ 中的稳态分量。

系统的稳态误差是对系统稳态控制精度的度量,是系统的稳态(静态)性能指标。

2. 系统类型

设系统的开环传递函数为

$$G(s)H(s) = \frac{K\prod_{i=1}^{m}(\tau_i s+1)}{s^v \prod_{j=1}^{n-v}(T_j s+1)} \tag{3.38}$$

K 称为系统开环放大倍数 $K = \lim_{s\to 0} s^v G(s)H(s)$。

v 称为系统的类型数,$v=0$ 时称为零型系统,$v=1$ 时称为 Ⅰ 型系统,$v=2$ 时称为 Ⅱ 型系统……

3. 终值定理法

如果有理函数 $sE(s)$ 除在原点处有唯一的极点外,在 s 右半平面及虚轴上解析,即 $sE(s)$ 的极点均位于 s 左平面(包括坐标原点),则可根据终值定理来求系统的稳态误差为

$$e_{ss} = \lim_{s\to 0} sE(s) \tag{3.39}$$

4. 静态误差系数法

利用静态误差系数法求系统的稳态误差的前提条件与终值定理法一样。

(1) 静态位置误差系数。

$$K_p = \lim_{s\to 0} G(s)H(s) = \lim_{s\to 0} \frac{K}{s^v} \tag{3.40}$$

(2) 静态速度误差系数。

$$K_v = \lim_{s \to 0} sG(s)H(s) = \lim_{s \to 0} \frac{K}{s^{v-1}} \tag{3.41}$$

(3) 静态加速度误差系数。

$$K_a = \lim_{s \to 0} s^2 G(s)H(s) = \lim_{s \to 0} \frac{K}{s^{v-2}} \tag{3.42}$$

利用静态误差系数法计算系统在输入信号作用下的稳态误差表见表 3.3。

表 3.3 输入信号作用下的稳态误差

系统型别	静态误差系数			阶跃输入 $r(t)=R \cdot 1(t)$ 位置误差 $e_{ss}=\dfrac{R}{1+K_p}$	斜坡输入 $r(t)=Rt$ 速度误差 $e_{ss}=\dfrac{R}{K_v}$	加速度输入 $r(t)=\dfrac{Rt^2}{2}$ 加速度误差 $e_{ss}=\dfrac{R}{K_a}$
	K_p	K_v	K_a			
0	K	0	0	$\dfrac{R}{1+K}$	∞	∞
Ⅰ	∞	K	0	0	$\dfrac{R}{K}$	∞
Ⅱ	∞	∞	K	0	0	$\dfrac{R}{K}$
Ⅲ	∞	∞	∞	0	0	0

5. 动态误差系数与误差级数

考察稳态误差随时间变化的情形,系统的输入到误差的传递函数为

$$\Phi_e(s) = \frac{E(s)}{R(s)} = \frac{1}{1+G(s)H(s)} \tag{3.43}$$

将 $\Phi_e(s)$ 在 $s=0$ 的邻域内展开成泰勒级数,即

$$\Phi_e = \Phi_e(0) + \Phi_e'(0)s + \frac{1}{2}\Phi_e''(0)s^2 + \cdots \tag{3.44}$$

$$E(s) = \Phi_e(s)R(s) + \Phi_e'(0)sR(s) + \frac{1}{2}\Phi_e''(0)s^2 R(s) + \cdots \tag{3.45}$$

$$e_s(t) = \Phi_e(0)r(t) + \Phi_e'(0)r'(t) + \frac{1}{2}\Phi_e''(0)r''(t) + \cdots \tag{3.46}$$

式中 $\Phi_e(0),\Phi_e'(0),\Phi_e''(0),\cdots$ 称为误差系数。令 $k_0 = \dfrac{1}{\Phi_e(0)}$,称为动态位置误差系数;$k_1 = \dfrac{1}{\Phi_e'(0)}$,称为动态速度误差系数;$k_2 = \dfrac{1}{\frac{1}{2}\Phi_e''(0)}$,称为动态加速度误差系数。

于是,误差级数可以写成

$$e_s(t) = \frac{1}{k_0}r(t) + \frac{1}{k_1}r'(t) + \frac{1}{k_2}r''(t) + \cdots \tag{3.47}$$

这样系统误差可以表示为

$$e(t) = e_t(t) + e_s(t) \tag{3.48}$$

式中，$e_t(t)$ 为 $e(t)$ 的暂态项；$e_s(t)$ 为 $e(t)$ 的稳态项，即误差级数。

6. 扰动作用下的稳态误差

没有扰动作用的控制系统如图 3.3 所示。当同时考虑 $R(s)$ 和 $N(s)$ 的作用时，系统的总输出为由输入引起的输出与由扰动引起的输出之和。

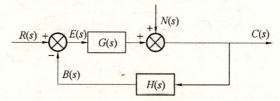

图 3.3 控制系统结构图

当 $R(s) = 0$ 时，扰动作用下的系统输出为

$$C(s) = \frac{N(s)}{1 + G(s)H(s)} \tag{3.49}$$

由此可得扰动作用下的误差信号为

$$E(s) = R(s) - H(s)C(s) = -\frac{H(s)N(s)}{1 + G(s)H(s)} \tag{3.50}$$

若 $sE(s)$ 的极点均位于 s 左半平面（包括坐标原点），扰动作用下的稳态误差为

$$e_{ss} = \lim_{s \to 0} sE(s) = -\lim_{s \to 0} \frac{sH(s)N(s)}{1 + G(s)H(s)} \tag{3.51}$$

3.2 典型例题

例 3-1 控制系统如图 3.4 所示，已知 $\omega_n = 3 \text{ s}^{-1}$，$\xi = 1/6$，计算系统的性能指标 t_r，t_s 和 $\sigma\%$。

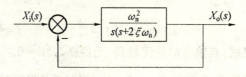

图 3.4 例 3-1 图

解 图 3.4 所示系统的闭环传递函数为

$$G_b(s) = \frac{9}{s^2 + s + 9}$$

由于 $\xi = 1/6$，故系统是一个二阶欠阻尼系统。
由此得

$$\omega_d = \omega_n \sqrt{1-\xi^2} = 2.958, \quad \beta = \arctan \frac{\omega_d}{\xi\omega_n} = 1.403$$

$$\sigma\% = e^{-\xi\pi/\sqrt{1-\xi^2}} \times 100\% = 59\%$$

$$t_r = \frac{\pi - \beta}{\omega_d} = 0.587 \text{ s}$$

$$t_s = 6 \text{ s}(\Delta = 5\%)$$

例 3－2 控制系统如图 3.5 所示,当输入阶跃信号时,要求 $\sigma\% \leqslant 16.3\%$,试校核系统参数是否满足超调量的要求。

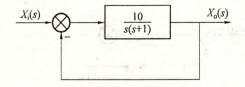

图 3.5 例 3－2 图

解 原系统的闭环传递函数为

$$G_b(s) = \frac{10}{s^2 + s + 10}$$

由此求得

$$\omega_n = \sqrt{10} = 3.16, \quad 2\xi\omega_n = 1, \quad \xi = 0.16$$

在单位阶跃信号的作用下,系统的超调量为 $\sigma\% = 60.4\%$,不满足要求。

例 3－3 已知单位反馈控制系统的开环传递函数 $G(s) = \frac{K}{s(s+3)}$,求系统参数 $K = 2$ 时,系统的单位阶跃响应和性能指标 $\sigma\%$、t_s。

解 由

$$\frac{\omega_n^2}{s(s+2\xi\omega_n)} = \frac{K}{s(s+3)}$$

得

$$\omega_n = \sqrt{K}, \quad 2\xi\omega_n = 3$$

当 $K = 2$ 时,代入上式得

$$\omega_n = \sqrt{2}, \quad \xi = 1.06$$

$\xi > 1$,系统为过阻尼,其输出响应无超调,无振荡,$\sigma\% = 0$。

系统的闭环传递函数为 $G_b(s) = \dfrac{2}{s^2 + 3s + 2}$,则其单位阶跃输出为

$$X_o(s) = G(s)X_i(s) = \frac{2}{s(s+1)(s+2)} = \frac{1}{s} - \frac{2}{s+1} + \frac{1}{s+2}$$

系统的单位阶跃响应为

$$x_o(t) = 1 - 2e^{-t} + e^{-2t}$$

系统由一个比例环节和两个惯性环节串联而成,$T_1 = 1$ s,$T_2 = 0.5$ s,系统的调整时间为

$$t_s = 3T_1 = 3 \text{ s} \quad (\pm 5\% \text{ 误差带})$$

例 3-4 一阶系统的结构如图 3.6 所示,其中 K_K 为前向通道放大倍数,K_H 为反馈系数,设 $K_K = 10$,如果要求 $t_s = 0.1$,求反馈系数 K_H。

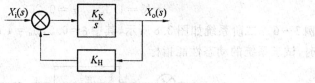

图 3.6 例 3-4 图

解 由结构图得到系统的闭环传递函数为

$$G_b(s) = \frac{X_o(s)}{X_i(s)} = \frac{\dfrac{1}{K_H}}{\dfrac{1}{K_K K_H}s + 1}$$

系统的时间常数为

$$T = \frac{1}{K_K K_H}$$

$$t_s = 4T = \frac{4}{K_K K_H}$$

将 $t_s = 0.1 \text{ s}, K_K = 10$,代入得 $K_H = 4$。

例 3-5 已知某控制系统方框图如图 3.7 所示,要求该系统的单位阶跃响应 $c(t)$ 具有超调量 $\sigma_p = 16.3\%$ 和峰值时间 $t_p = 1 \text{ s}$,试确定前置放大器的增益 K 及延迟系数 τ 的值。

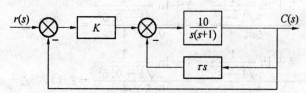

图 3.7 例 3-5 图

解 (1) 由已知的 σ_p 和 t_p 计算出二阶系统参数 ξ 及 ω_n。

由

$$\sigma_p = e^{-\xi\pi/\sqrt{1-\xi^2}} \times 100\% = 16.3\%$$

得

$$\xi = 0.5$$

又

$$t_p = \pi/\omega_n\sqrt{1-\xi^2}$$

得

$$\omega_n = 3.63 \text{ rad/s}$$

(2) 求闭环传递函数,并化成标准形式。

$$\frac{C(s)}{R(s)} = \frac{10K}{s^2 + (1 + 10\tau)s + 10K}$$

(3) 与标准形式比较。

$$\frac{C(s)}{R(s)} = \frac{\omega_n^2}{s^2 + 2\xi\omega_n s + \omega_n^2}$$

$$2\xi\omega_n = 1 + 10\tau$$
$$\omega_n^2 = 10K$$

解得
$$K = 1.32, \quad \tau = 0.263$$

例 3-6 二阶系统如图 3.8 所示，其中 $\xi=0.5$，$\omega_n=4$ rad/s，当输入信号为单位阶跃信号时，试求系统的动态性能指标。

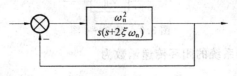

图 3.8 例 3-6 图

解
$$\beta/\text{rad} = \arctan\frac{\sqrt{1-\xi^2}}{\xi} = \arctan\frac{\sqrt{1-0.5^2}}{0.5} = 60° = 1.05$$

$$\omega_d/(\text{rad}\cdot\text{s}^{-1}) = \omega_n\sqrt{1-\xi^2} = 4\sqrt{1-0.5^2} = 3.46$$

$$t_r/\text{s} = \frac{\pi-\beta}{\omega_n\sqrt{1-\xi^2}} = \frac{\pi-1.05}{3.46} = 0.60$$

$$t_p/\text{s} = \frac{\pi}{\omega_n\sqrt{1-\xi^2}} = \frac{\pi}{3.46} = 0.91$$

$$\sigma_p = e^{-\frac{\xi\pi}{\sqrt{1-\xi^2}}} \times 100\% = e^{-\frac{0.5\pi}{\sqrt{1-0.5^2}}} \times 100\% = 16.3\%$$

$$t_s/\text{s} = \frac{3+\ln\frac{1}{\sqrt{1-\xi^2}}}{\xi\omega_n} = \frac{3+\ln\frac{1}{\sqrt{1-0.5^2}}}{0.5\times 4} = 1.57, \quad \Delta = 0.05$$

$$t_s/\text{s} = \frac{4+\ln\frac{1}{\sqrt{1-\xi^2}}}{\xi\omega_n} = \frac{4+\ln\frac{1}{\sqrt{1-0.5^2}}}{0.5\times 4} = 2.14, \quad \Delta = 0.02$$

$$N/\text{次} = \frac{t_s\omega_d}{2\pi} = \frac{1.57\times 3.46}{2\times 3.14} = 0.865 \approx 1, \quad \Delta = 0.05$$

$$N/\text{次} = \frac{t_s\omega_d}{2\pi} = \frac{2.14\times 3.46}{2\times 3.14} = 1.18 \approx 1, \quad \Delta = 0.02$$

例 3-7 已知系统的特征方程 $D(s) = s^3 + 3s^2 + 4s + 12 = 0$，试判断系统的稳定性。

解 劳斯表为

$$
\begin{array}{c|cc}
s^3 & 1 & 4 \\
s^2 & 3 & 12 \\
s^1 & 0(\varepsilon) & \\
s^0 & 12 & \\
\end{array}
$$

由于第一列中 ε 上方的元素与其下方的元素符号相同，表示该方程中有一对纯虚根存在。

此时

$$(s^2+4)(s+3)=0$$

据此求得 $s_{1,2}=-2\mathrm{j}, s_3=-3$,相应的系统不稳定。

例 3-8 当 K 为何值时,图 3.9 所示控制系统稳定。

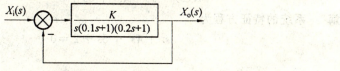

图 3.9 例 3-8 图

解 求出系统的闭环传递函数为
$$G(s)=\frac{X_o(s)}{X_i(s)}=\frac{K}{s(0.1s+1)(0.2s+1)+K}$$

系统的特征方程为
$$D(s)=s^3+15s^2+50s+50K=0$$

列出劳斯表为

s^3	1	50
s^2	15	$50K$
s^1	$(750-50K)/15$	0
s^0	$50K$	0

系统稳定的条件为
$$\begin{cases} 750-50K>0 & K<15 \\ 50K>0 & K>0 \end{cases}$$

所以使系统稳定的 K 的取值范围为 $15>K>0$。

例 3-9 已知特征方程 $s^5+2s^4+3s^3+6s^2+3s+6=0$,试判断系统稳定性?

解 劳斯表为

s^5	1	3	3
s^4	2	6	6
s^3	0	0	
s^2	3	6	
s^1	-4		
s^0	6		

求解辅助方程为 $2s^4+6s^2+6=0$

求导得 $8s^3+12s=0$

原劳斯表可写为

s^5	1	3	3
s^4	2	6	6
s^3	8	12	
s^2	3	6	
s^1	-4		
s^0	6		

可见，劳斯表首列元素变号两次，说明闭环系统有两个根不在左半 s 平面上，系统不稳定。

例 3－10 试判断系统 $\dfrac{C(s)}{R(s)} = \dfrac{1}{s^3 + 4s^2 + 5s + 2}$ 的稳定性。

解 系统的特征方程为
$$s^3 + 4s^2 + 5s + 2 = 0$$
即
$$(s+1)(s^2 + 3s + 2) = (s+1)^2(s+2) = 0$$
解得
$$s_1 = -1, \quad s_2 = -1, \quad s_3 = -2$$
由于三个特征根都具有负实部，故系统稳定。

例 3－11 已知系统特征方程为 $3s^4 + 10s^3 + 5s^2 + s + 2 = 0$，用劳斯判据判定系统的稳定性。

解 劳斯表为

s^4	3	5	2
s^3	10	1	
s^2	4.7	2	
s^1	-3.25		
s^0	2		

由于在劳斯表第一列有符号变化，所以系统不稳定。

例 3－12 已知系统特征方程为 $s^4 + 2s^3 + 8s^2 + 4s + 3 = 0$，用劳斯判据判定系统的稳定性。

解 劳斯表为

s^4	1	8	3
s^3	2	4	
s^2	6	3	
s^1	3		
s^0	3		

由于劳斯表第一列无符号变化，故系统稳定。

例 3－13 已知系统特征方程为 $s^4 + 2s^3 + 3s^2 + 4s + 5 = 0$，试用劳斯判据判定该特征方程正实部根的个数。

解 劳斯表为

s^4	1	3	5
s^3	2	4	0
s^2	$\dfrac{2 \times 3 - 1 \times 4}{2} = 1$	5	
s^1	$\dfrac{1 \times 4 - 2 \times 5}{1} = -6$	0	
s^0	5		

劳斯表第一列符号改变两次,故有两个根实部为正。

例 3-14 设系统的特征方程为 $s^3-3s+2=0$,试应用判据判别实部为正的特征根的个数。

解

$$\begin{array}{c|cc}
s^3 & 1 & -3 \\
s^2 & 0 \approx \varepsilon & 2 \\
s & \dfrac{-3\varepsilon-2}{\varepsilon} & 0 \\
s^0 & 2 &
\end{array}$$

故有两个实部为正的根。

例 3-15 已知系统特征方程为 $s^6+s^5-2s^4-3s^3-7s^2-4s-4=0$,试确定正实部根的个数。

解 劳斯表为

$$\begin{array}{c|cccc}
s^6 & 1 & -2 & -7 & -4 \\
s^5 & 1 & -3 & -4 & 0 \\
s^4 & 1 & -3 & -4 & \\
s^3 & 0 & 0 & 0 &
\end{array}$$

辅助方程为

$$F(s)=s^4-3s^2-4=0$$

$$\frac{\mathrm{d}F(s)}{\mathrm{d}s}=4s^3-6s=0$$

重写劳斯表为

$$\begin{array}{c|cccc}
s^6 & 1 & -2 & -7 & -4 \\
s^5 & 1 & -3 & -4 & 0 \\
s^4 & 1 & -3 & -4 & \\
s^3 & 4 & -6 & 0 & \\
s^2 & -1.5 & -4 & & \\
s^1 & -16.7 & 0 & & \\
s^0 & -4 & & &
\end{array}$$

劳斯表第一列符号改变一次,所以有一个正实部的根。
辅助方程为

$$F(s)=s^4-3s^2-4=(s^2-4)(s^2+1)=0$$

得出产生全零行的根为 $\pm 2, \pm j$。
再由原特征方程得

$$(s^2+s+1)(s^2-4)(s^2+1)=0$$

所以另外二根为

$$-\frac{1}{2}\pm j\frac{\sqrt{3}}{2}$$

例 3-16 设系统如图 3.10 所示,试应用劳斯判据确定使系统稳定的开环增益 K 的取值范围。如果要求闭环极点全部位于 $s=-1$ 垂线之左,问 K 值范围应取多大?

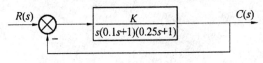

图 3.10 例 3-16 图

解 (1) 系统闭环传递函数为

$$\Phi(s) = \frac{K^*}{s(s+4)(s+10)+K^*}$$

式中,$K^* = 40K$。

由上式得系统的特征方程为

$$s^3 + 14s^2 + 40s + K^* = 0$$

相应的劳斯表为

s^3	1	40
s^2	14	K^*
s^1	$\dfrac{560-K^*}{14}$	
s^0	K^*	

为使系统稳定,应有

$$K^* > 0, \quad \frac{560-K^*}{14} > 0, \quad 0 < K^* < 560$$

即

$$0 < K < 14$$

(2) 若要求 s 平面上闭环极点全部位于 $s=-1$ 垂线之左,则令 $s=s_1-1$,代入原特征方程有

$$s_1^3 + 11s_1^2 + 15s_1 + (K^*-27) = 0$$

相应劳斯表为

s_1^3	1	15
s_1^2	11	K^*-27
s_1^1	$\dfrac{165-(K^*-27)}{11}$	
s_1^0	K^*-27	

则解得

$$27 < K^* < 192, \quad 0.675 < K < 4.8$$

例 3-17 设系统的特征方程为 $2s^4+s^3+3s^2+5s+10=0$,试用赫尔维兹判据判断该系统的稳定性。

解

$$\Delta_1 = 1 > 0$$

$$\Delta_2 = \begin{vmatrix} 1 & 5 \\ 2 & 3 \end{vmatrix} = 3 - 10 = -7 < 0$$

$$\Delta_3 = \begin{vmatrix} 1 & 5 & 0 \\ 2 & 3 & 10 \\ 0 & 1 & 5 \end{vmatrix} = 15 - 10 - 5 \times 10 = -45 < 0$$

$$\Delta_4 = \begin{vmatrix} 1 & 5 & 0 & 0 \\ 2 & 3 & 10 & 0 \\ 0 & 1 & 5 & 0 \\ 0 & 2 & 3 & 10 \end{vmatrix} < 0$$

所以系统不稳定。

例 3-18 设系统的特征方程为 $s^6 + 2s^5 + 8s^4 + 12s^3 + 20s^2 + 16s + 16 = 0$,试用劳斯稳定判据判别该系统的稳定性。

解 劳斯表为

s^6	1	8	20	16
s^5	2	12	16	0
s^4	1	6	8	
s^3	0	0	0	

设辅助方程为

$$F(s) = s^4 + 6s^2 + 8 = 0$$

求导得

$$F'(s) = 4s^3 + 12s = 0$$

再列劳斯表为

s^6	1	8	20	16
s^5	2	12	16	0
s^4	1	6	8	
s^3	4	12	0	
s^2	3	8		
s^1	1.33	0		
s^0	8			

第一列元素符号无变化,所以系统稳定。

例 3-19 试分析如图 3.11 所示系统的稳定性。

解
$$G(s) = \frac{10(s+1)}{s^3 + 21s^2 + 10s + 10}$$

线性系统的特征方程为

$$s^3 + 21s^2 + 10s + 10 = 0$$

列劳斯表为

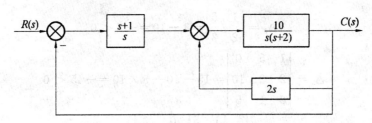

图 3.11 例 3-19 图

$$
\begin{array}{c|ccc}
s^3 & 1 & 10 & 0 \\
s^2 & 21 & 10 & 0 \\
s^1 & \dfrac{200}{21} & 0 & \\
s^0 & 10 & &
\end{array}
$$

第一列元素符号无变化,故系统稳定。

例 3-20 由实验测得二阶系统的单位阶跃响应 $c(t)$ 如图 3.12 所示,试根据已知的单位阶跃响应 $c(t)$ 计算系统参数 ξ 及 ω_n。

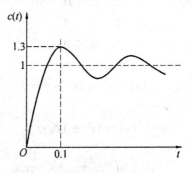

图 3.12 例 3-20 图

解 由图 3.12 所示单位阶跃响应 $c(t)$,求得 $\sigma\% = 30\%$, $t_p = 0.1$ s,又由

$$\sigma\% = e^{-\frac{\pi\xi}{\sqrt{1-\xi^2}}} \times 100\%$$

$$t_p = \frac{\pi}{\omega_n\sqrt{1-\xi^2}}$$

计算出系统参数 ξ 及 ω_n 的值分别为 $\xi = 0.36$, $\omega_n = 33.7$ rad/s。

例 3-21 某系统的特征方程为 $s^4 + 2s^3 + s^2 + 2s + 1 = 0$,试应用劳斯稳定判据判别该系统的稳定性。

解 劳斯表为

$$
\begin{array}{c|ccc}
s^4 & 1 & 1 & 1 \\
s^3 & 2 & 2 & 0 \\
s^2 & 0(\approx\varepsilon) & 1 & \\
s^1 & \dfrac{2\varepsilon-2}{\varepsilon} & 0 & \\
s^0 & 1 & &
\end{array}
$$

在劳斯表的第三行元素为零,将零元素用趋近于零的正数 ε 代替,则 s^1 行第一列的元素符号为负。从劳斯表可见,第一列元素的符号变化了两次,则系统不稳定,并且系统有两个正实部的根。

例 3－22　设系统的特征方程为 $s^6+2s^5+8s^4+12s^3+20s^2+16s+16=0$,试分析劳斯稳定判据判别该系统的稳定性。

解　劳斯表为

$$\begin{array}{c|cccc} s^6 & 1 & 8 & 20 & 16 \\ s^5 & 2 & 12 & 16 & 0 \\ s^4 & 1 & 6 & 8 & \\ s^3 & 0 & 0 & 0 & \end{array}$$

其中 s^4 行(第三行)各元素都除以 2,s^3 行的元素全部为零,则辅助方程为

$$F(s)=s^4+s^2+8=0$$

$$\frac{\mathrm{d}F(s)}{\mathrm{d}s}=4s^3+12s=0$$

用新方程的各项系数代替全零行,继续列劳斯表。则整个劳斯表为

$$\begin{array}{c|cccc} s^6 & 1 & 8 & 20 & 16 \\ s^5 & 2 & 12 & 16 & 0 \\ s^4 & 1 & 6 & 8 & \\ s^3 & 4 & 12 & 0 & \\ s^2 & 3 & 8 & & \\ s^1 & 4/3 & 0 & & \\ s^0 & 8 & & & \end{array}$$

可见,劳斯表中第一列各元素均相同,则该系统在 s 平面右半部无根。但由辅助方程

$$F(s)=s^4+6s^2+8=0$$

得系统有共轭虚根 $\pm\mathrm{j}\sqrt{2}$ 和 $\pm\mathrm{j}2$,则理论上认为该系统临界稳定。

例 3－23　试分析如图 3.13 所示系统的稳定性。

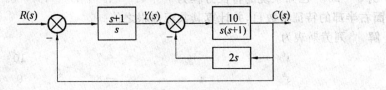

图 3.13　例 3－23 图

解　如图 3.13 所示单位负反馈系统的闭环传递函数为

$$\frac{C(s)}{R(s)}=\frac{10(s+1)}{s^3+21s^2+10s+10}$$

系统的特征方程为

$$s^3+21s^2+10s+10=0$$

列劳斯表为

$$
\begin{array}{c|cc}
s^3 & 1 & 10 \\
s^2 & 21 & 10 \\
s^1 & 9.52 & 0 \\
s^0 & 10 &
\end{array}
$$

因为劳斯表第一列元素符号无改变,所以系统稳定。

例 3-24 试分析如图 3.14 所示系统的稳定性。

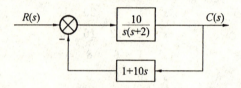

图 3.14 例 3-24 图

解 如图 3.14 所示系统的特征方程为

$$D(s)=1+\frac{10}{s(s+2)}(1+10s)=\frac{s^2+102s+10}{s^2+2s}=0$$

特征根 $s_1=-0.098, s_2=-101.9$,均具有负实根,所以系统稳定。

例 3-25 已知系统的特征方程为 $s^5+s^4+2s^3+2s^2+3s+5=0$,试应用劳斯稳定判据判别系统的稳定性。

解 劳斯表为

$$
\begin{array}{c|ccc}
s^5 & 1 & 2 & 3 \\
s^4 & 1 & 2 & 5 \\
s^3 & 0(\approx\varepsilon) & -2 & 0 \\
s^2 & \dfrac{2\varepsilon+2}{\varepsilon} & 5 & \\
s^1 & -2 & 0 & \\
s^0 & 5 & &
\end{array}
$$

可见,劳斯表第一列元素的符号改变两次,故系统不稳定。

例 3-26 已知系统的特征方程为 $s^6+4s^5-4s^4+4s^3-7s^2-8s+10=0$,试确定在 s 平面右半部的特征根数目,并计算其共轭虚根之值。

解 列劳斯表为

$$
\begin{array}{c|cccc}
s^6 & 1 & -4 & -7 & 10 \\
s^5 & 4 & 4 & -8 & 0 \\
s^4 & (-5) & (-5) & (10) & \text{(该行各项除以 5)} \\
 & -1 & -1 & 2 & \\
s^3 & 0 & & & \\
 & -4 & -2 & & \\
s^2 & -\dfrac{1}{2} & -2 & & \\
s^1 & -18 & 0 & & \\
s^0 & 2 & & &
\end{array}
$$

第四行全为零行，辅助方程为
$$F(s) = -s^4 - s^2 + 2 = 0, \quad \frac{dF(s)}{ds} = -4s^3 - 2s = 0$$

其中各项系数代替第四行的元素。劳斯表第一列元素符号改变两次。所以此系统在 s 平面右半部有两个特征根。由辅助方程得，$s_{1,2} = \pm j\sqrt{2}$，$s_{3,4} = \pm 1$。所以系统的共轭虚根为 $\pm j\sqrt{2}$。

例 3-27 已知系统方框图如图 3.15 所示，试应用劳斯稳定判据确定能使系统稳定的反馈参数 τ 的取值范围。

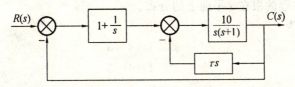

图 3.15　例 3-27 图

解 系统的闭环传递函数为
$$\Phi(s) = \frac{10s + 10}{s^3 + (1 + 10\tau)s^2 + 10s + 10}$$

则特征方程为
$$s^3 + (1 + 10\tau)s^2 + 10s + 10 = 0$$

列劳斯表为

$$\begin{array}{c|cc}
s^3 & 1 & 10 \\
s^2 & 1+10\tau & 10 \\
s^1 & \dfrac{100\tau}{1+10\tau} & 0 \\
s^0 & 10 &
\end{array}$$

若系统稳定，则应有 $1 + 10\tau > 0$，$\dfrac{100\tau}{1+10\tau} > 0$。最后解得当 $\tau > 0$ 时，系统稳定。

例 3-28 在如图 3.16 所示系统中，τ 取何值方能使系统稳定？

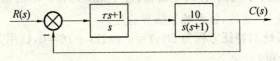

图 3.16　例 3-28 图

解 系统的闭环传递函数为
$$\Phi(s) = \frac{10\tau s + 10}{s^3 + s^2 + 10\tau s + 10}$$

特征方程为
$$s^3 + s^2 + 10\tau s + 10 = 0$$

列劳斯表为

$$\begin{array}{ll} s^3 & 1 \quad\quad 10\tau \\ s^2 & 1 \quad\quad 10 \\ s^1 & 10\tau-10 \quad 0 \\ s^0 & 10 \end{array}$$

若系统稳定,应有 $\tau > 1$。所以当 $\tau > 1$ 时,系统稳定。

例 3-29 已知控制系统的特征方程为 $D(s) = s^5 + s^4 + 4s^3 + 4s^2 + 3s + 3 = 0$,试用劳斯判据确定该方程的根在 s 平面上的分布。

解 劳斯表为

$$\begin{array}{lll} s^5 & 1 & 4 & 3 \\ s^4 & 1 & 4 & 3 \\ s^3 & 0 & 0 \end{array}$$

由于 s^3 这一行的元素全为零,使得劳斯表的排列无法进行。此时,可由上一行的元素作为系数,构成一辅助多项式

$$F(s) = s^4 + 4s^2 + 3$$

$F(s)$ 对 s 求导,得

$$\frac{\mathrm{d}F(s)}{\mathrm{d}s} = 4s^3 + 8s$$

用系数 4 和 8 代替 s^3 全零行中的 0 元素,并将劳斯表排完

$$\begin{array}{lll} s^5 & 1 & 4 & 3 \\ s^4 & 1 & 4 & 3 \\ s^3 & 4 & 8 \\ s^2 & 2 & 3 \\ s^1 & 2 \\ s^0 & 3 \end{array}$$

劳斯表第一列元素的符号没有变化,表明该特征方程在 s 右半平面上没有特征根。但 s^3 这一行的元素全为零,表示有大小相等、符号相反的根。求解辅助方程 $F(s) = 0$,可得两对根 $\pm j\sqrt{3}$ 和 $\pm j$。显然,该系统是临界稳定。

例 3-30 设系统的特征方程为 $D(s) = s^3 - 12s + 16 = 0$,试用劳斯判据判定该方程的根在 s 平面上的分布。

解 方程中 s^2 项的系数为 0, s 项的系数为负值,不符合系统稳定的必要条件,由此可知,该方程中至少有一个根在 s 右半平面,相应的系统不稳定。

为了确定方程式的根在 s 平面上的具体分布,现用劳斯判据进行判别。

劳斯表为

$$\begin{array}{lll} s^3 & 1 & -12 \\ s^2 & 0(\varepsilon) & 16 \\ s^1 & (-12\varepsilon-16)/\varepsilon \\ s^0 & 16 \end{array}$$

可见，劳斯表中第一列元素的符号变化了两次。由劳斯判据可知，该方程有两个根在 s 右半平面。

例 3-31 已知单位反馈系统的开环传递函数如下，试求静态位置误差系数 K_p，静态速度误差系数 K_v，静态加速度误差系数 K_a。

(1) $G(s) = \dfrac{50}{(0.1s+1)(2s+1)}$；$\{K_p = \lim\limits_{s \to 0} G(s)\}$

(2) $G(s) = \dfrac{K}{s(s^2+4s+200)}$；$\{K_v = \lim\limits_{s \to 0} sG(s)\}$

(3) $G(s) = \dfrac{10(2s+1)(4s+1)}{s^2(s^2+2s+10)}$。$\{K_a = \lim\limits_{s \to 0} s^2 G(s)\}$

解 (1) $K_p = 50$；$K_v = 0$；$K_a = 0$；

(2) $K_p = \infty$；$K_v = 0.005K$；$K_a = 0$；

(3) $K_p = \infty$；$K_v = \infty$；$K_a = 1$。

例 3-32 已知二阶系统的单位阶跃响应为 $c(t) = 10 - 12.5\mathrm{e}^{-1.2t}\sin(1.6t + 53.1°)$，试求系统的超调量 $\sigma\%$、峰值时间 t_p 和调节时间 t_s。

解 $c(t) = 10 - 12.5\mathrm{e}^{-1.2t}\sin(1.6t + 53.1°) =$
$$10\left\{1 - \dfrac{1}{\sqrt{1-\xi^2}}\mathrm{e}^{-\xi\omega_n t}\sin(\omega_n\sqrt{1-\xi^2}\,t + \arccos\xi)\right\}$$
$$\xi = \cos 53.1° = 0.6$$
$$\xi\omega_n = 1.2\,(\omega_n\sqrt{1-\xi^2} = 1.6)$$
$$\omega_n = 2$$
$$\sigma\% = \exp(1-\xi\pi/\sqrt{1-\xi^2}) = 9.5\%$$
$$t_p = \dfrac{\pi}{\omega_n\sqrt{1-\xi^2}} = 1.963\,5 \text{ s}$$
$$t_s = 3/\xi\omega_n = 2.5 \text{ s}(\Delta = 0.05)$$
$$t_s = 4/\xi\omega_n = 3.33 \text{ s}(\Delta = 0.02)$$

例 3-33 设单位反馈系统的开环传递函数为 $G(s) = \dfrac{1}{Ts}$。试用动态误差级数法求出，当输入信号分别为 $r_1(t) = t^2/2$ 和 $r_2(t) = \sin 2t$ 时，系统的稳态误差。

解 $\Phi_e(s) = \dfrac{Ts}{1+Ts}$；$c_0 = 0$，$c_i = -(-T)^i$，$i > 0$
$$r_1(t) = t^2/2$$
$$r'_1(t) = t,\quad r''_1(t) = 1,\quad r_1^{(i)}(t) = 0,\quad i > 2$$
$$e_{1ss}(t) = c_0 r(t) + c_1 r'_1(t) + c_2 r''_1(t) = T(t-T)$$

$r_2(t) = \sin 2t$ 时，有两种解法：

(1) 稳态误差级数法。
$$r_2^{(2k)}(t) = (-2^2)^k \sin 2t,\quad r_2^{(2k+1)}(t) = 2(-2^2)^k \cos 2t,\quad k \geqslant 0$$

$$e_{2ss}(t) = \sum_{i=0}^{\infty} c_i r_2^{(i)} = \sum_{k=0}^{\infty} c_{2k}(-2^2)^k \sin 2t + \sum_{k=0}^{\infty} 2c_{2k+1}(-2^2)^k \cos 2t =$$

$$\sum_{k=1}^{\infty}(-1)^{k+1}(2T)^{2k}\sin 2t + \sum_{k=0}^{\infty}(-1)^k(2T)^{2k+1}\cos 2t =$$

$$\frac{4T^2}{4T^2+1}\sin 2t + \frac{2T}{4T^2+1}\cos 2t$$

$$e_{2ss}(t) = A\sin(2t+\varphi)$$

式中

$$A = \frac{2T}{(4T^2+1)^{1/2}}, \quad \varphi = \arccos A$$

(2) 据 $\Phi_e(\mathrm{j}2)$ 计算（频率响应）：

$$|\Phi_e(\mathrm{j}2)| = 2T(1+4T^2)^{-1/2}, \quad \angle \Phi_e(\mathrm{j}2) = \arctan\left(\frac{1}{2T}\right)$$

$$e_{2ss}(t) = A\sin(2t+\varphi)$$

式中

$$A = \frac{2T}{(4T^2+1)^{1/2}}, \quad \varphi = \arctan\left(\frac{1}{2T}\right) = \arccos A$$

例 3-34 已知单位负反馈系统的开环传递函数为

$$G(s) = \frac{K}{s(0.1s+1)(0.25s+1)}$$

(1) 用劳斯判据确定系统稳定时的 K 值范围；

(2) 如果要求闭环系统的根均位于 $s=-1$ 垂线以左，K 值范围应取多大？

解 (1) 系统特征方程为

劳斯表为

$$s^3 + 14s^2 + 40s + 40K = 0$$

s^3	1	40	
s^2	14	$40K$	
s^1	$40-40K/14$	0	$K<14$
s^0	$40K$		$K>0$

使系统稳定的 K 值范围是 $0<K<14$。

(2) 变量替换

$$\bar{s} = s+1, \quad \bar{s}^3 + 11\bar{s}^2 + 15\bar{s} + 40K - 27 = 0$$

列劳斯表为

s^3	1	15	
s^2	11	$40K-27$	
s^1	$15-(40K-27)/11$	0	$K<24/5$
s^0	$40K-27$		$K>27/40$

使闭环系统的根均位于 $s=-1$ 垂线以左的 K 值范围是 $0.675<K<4.8$。

3.3 练 习 题

3-1 设系统的单位脉冲响应函数如下，试求系统的闭环传递函数：
(1) $w(t)=0.0125e^{-1.25t}$；(2) $w(t)=0.1(1-e^{-t/3})$。

3-2 某控制系统的微分方程为 $T\dot{y}(t)+y(t)=Kx(t)$，其中 $T=0.5$ s，$K=10$。设初始条件为 0，试求：
(1) 系统单位脉冲响应 $w(t)$；
(2) 系统单位阶跃响应和单位斜坡响应。

3-3 如图 3.17(a) 所示机械振动系统，$y(t)$ 为质量块 m 的位移。当系统受到 $F=10$ N 的恒力作用时，$y(t)$ 的变化如图 3.17(b) 所示。试确定系统的 m,c,k 的值。

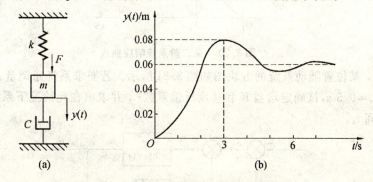

图 3.17 机械振动系统及其阶跃响应曲线

3-4 图 3.18 为一电磁线圈的等效电路，其中 $R=200$ Ω，$L=1$ H。取电压 u 为输入量，电流 i 为输出量。试计算该线圈的瞬态过程时间 t_s（误差 $\pm 5\%$）。

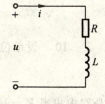

图 3.18 电磁线圈

3-5 用一温度计测量某容器中的水温，经过 1 min 后指示出实际水温的 98%，该温度计为一阶惯性系统，求：
(1) 该温度计的时间常数；
(2) 如果给该容器加热，使容器内水温以 0.1 ℃/s 的速度均匀上升，温度计的稳态示值误差是多少？

3-6 控制系统方块图如图 3.19 所示。要求系统单位阶跃响应的超调量 $\sigma\%=9.5\%$，且峰值时间 $t_p=0.5$ s。试确定 K_1 与 τ 的值，并计算在此情况下系统的上升时间 t_r 和调整时间 t_s（取 $\pm 2\%$ 误差带）。

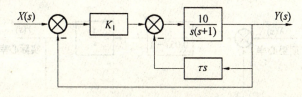

图 3.19 控制系统方框图

3－7　某单位负反馈二阶控制系统的阶跃响应为
$$y(t) = 10[1 - 1.25e^{-1.2t}\sin(1.6t + 53.13°)]$$
若系统的稳态误差 $e_{ss}=0$，求系统的闭环传递函数 $G_b(s)$ 和开环传递函数 $G_K(s)$，并求系统的超调量 $\sigma\%$、上升时间 t_r 和调整时间 t_s（取 5% 误差带）。

3－8　设某二阶控制系统的单位阶跃响应曲线如图 3.20 所示。试确定系统的传递函数。

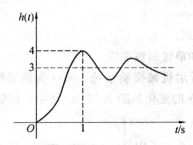

图 3.20　某二阶系统响应曲线

3－9　某位置随动系统的方块图如图 3.21 所示。若要求系统超调量 $\sigma\%=20\%$，上升时间为 $t_r=0.5$ s，试确定增益 K 和速度反馈系数 τ，并求出在此情况下系统的峰值时间 t_p、调整时间 t_s。

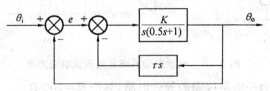

图 3.21　随动系统控制方框图

3－10　设单位负反馈系统的开环传递函数为
$$G_K(s) = \frac{K}{s(0.1s+1)}$$
试分别求出当 $K=10$ 和 $K=20$ 时系统的阻尼比 ξ、无阻尼自然振荡频率 ω_n、超调量 $\sigma\%$、峰值时间 t_p 及过渡过程时间 t_s，并讨论 K 的大小对性能指标的影响。

3－11　电子心率起搏器系统如图 3.22 所示。其中模仿心脏的传递函数相当于一纯积分器。

(1) 若 $\xi=0.5$ 对应最佳响应，问起搏器增益 K 应取多少？

(2) 若期望心率为 60 次/min，并突然接通起搏器，问 1 s 后实际心率为多少，瞬时最大心率为多少？

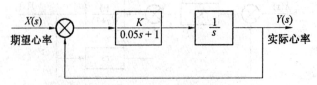

图 3.22　电子心率起搏器控制框图

3-12 求如图 3.23 所示系统的参数 (K, β) 的稳定域。

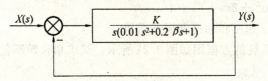

图 3.23 控制系统方框图 1

3-13 确定如图 3.24 所示系统参数 K^* 的稳定域,并说明开环系统中积分环节的数目对系统稳定性的影响。
(1) $a>0, b>0, c>0$；(2) $a=0, b>0, c>0$；(3) $a=0, b=0, c>0$。

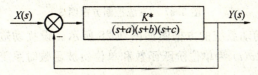

图 3.24 控制系统方框图 2

3-14 飞机自动控制系统的简单结构图如图 3.25 所示。试选择参数 K 和 K_t,使系统的 $\omega_n=6$ rad/s, $\xi=1$,并讨论系统在单位阶跃作用下的各项性能指标。

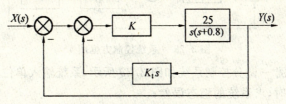

图 3.25 飞机自动控制系统

试确定使闭环系统稳定的开环增益 K 的取值范围。

3-15 已知某负反馈控制系统如图 3.26 所示。求使系统闭环稳定的 K_b 的取值范围。

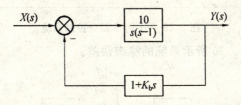

图 3.26 控制系统

3-16 在零初始条件下对单位反馈系统施加设定输入信号 $x(t)=1(t)+t\times 1(t)$,测得系统的输出响应为 $y(t)=(t+0.8)\times 1(t)-0.8e^{-5t}$。试求系统的开环传递函数,并计算系统在单位阶跃输入和单位斜坡输入下的稳态误差。

3-17 已知单位反馈控制系统的闭环传递函数如下：

(1) $G(s)=\dfrac{50(s+2)}{s^3+2s^2+51s+100}$；

(2) $G(s) = \dfrac{2(s+2)(s+1)}{s^4 + 3s^2 + 2s^2 + 6s + 4}$。

试求其静态位置、速度和加速度误差系数。

3—18 某控制系统的方框图如图 3.27 所示。试求单位阶跃信号输入时系统的稳态误差。

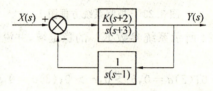

图 3.27 系统控制方框图 3

3—19 某位置随动系统的方框图如图 3.28 所示。设扰动输入信号为 $n(t) = N \cdot 1(t)$，试分别求出输入 $x(t)$ 为单位阶跃函数和单位斜坡函数时系统的稳态误差 e_{ss}。图中控制器 $G_c(s) = K_1$。

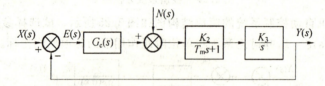

图 3.28 系统控制方框图 4

3—20 设比例－微分控制系统如图 3.29 所示，系统输入单位斜坡信号。求：
(1) 当 $K_d = 0$ 时，求系统的稳态误差；
(2) 选择 K_d，使系统的稳态误差为零。

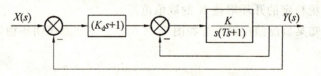

图 3.29 比例－微分控制系统

3—21 试求如图 3.30 所示系统的稳态误差。

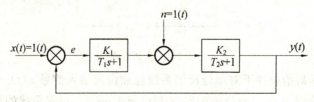

图 3.30 控制系统方框图 5

3—22 设系统如图 3.31 所示，已知系统对单位阶跃响应的超调量 $\sigma\% = 16.3\%$，峰值时间 $t_p = 1$ s，试求：
(1) 根据已知性能指标 $\sigma\%$ 及 t_p 确定系统参数 k 及 τ 的值；
(2) 当输入信号 $r(t) = 1.5$(恒速信号) 时，求系统的稳态误差。

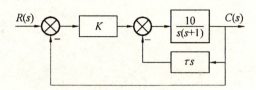

图 3.31　控制系统方框图 6

3－23　已知控制系统方框图如图 3.32 所示。
(1) 计算系统的闭环传递函数 $C(s)/R(s)$；
(2) 判别系统的稳定性，若不稳定，请给出该系统在 $[s]$ 平面右半部分的极点个数。

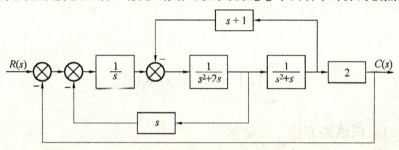

图 3.32　控制系统方框图 7

3－24　设控制系统方框图如图 3.33 所示。
(1) 主反馈开路时，$G(s)=G_1(s)G_2(s)$ 的单位阶跃响应为 $0.5-\mathrm{e}^{-t}+0.5\mathrm{e}^{-2t}$，计算 $G_1(s)$。
(2) $G_1(s)=1/(s+3)$，且 $r(t)=10\times 1(t)$ 时，计算：
① 系统的稳态输出；
② 系统的峰值时间 t_p，超调量 $\sigma\%$ 及稳态误差 e_{ss}。

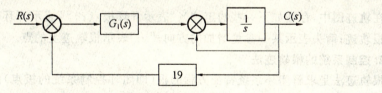

图 3.33　控制系统方框图 8

3－25　控制系统的特征方程为 $s^5+5s^4+10s^3+25s^2+39s+30=0$，分析该系统的稳定性，若闭环系统不稳定，指出在 s 平面右半部的极点个数(给出劳斯表)。

3－26　控制系统的特征方程为 $s^5+4s^4+2s^3-4s^2+s+2=0$，分析该系统的稳定性，若闭环系统不稳定，指出在 s 平面右半部的极点个数(给出劳斯表)。

3－27　已知单位负反馈控制系统的开环传递函数为 $G(s)=\dfrac{k(s+2)}{s(s+1)(s^2+2s+2)}$，试确定使闭环系统稳定的 K 值范围。

第 4 章

线性系统的根轨迹法

4.1 知识点归纳

4.1.1 根轨迹方程

1. 根轨迹的概念

闭环系统的稳定性取决于其零极点分布。因此，可以用系统的零极点分布来间接地研究控制系统的性能。W·R·伊文思提出了一种在复平面上由开环零极点来确定闭环零极点的图解方法——根轨迹法。这种方法是将系统的某个参数（比如开环放大系数）的全部值与闭环特征根的关系表示在一张图上。

根轨迹简称根迹，它是开环系统传递函数的某一参数从零变到无穷时，闭环系统特征方程的根在复平面上变化的轨迹。

在轨迹图中，存在如下一些约定："×"表示开环极点；"○"表示开环有限值极点；粗线表示根轨迹；箭头表示某一参量增加的方向；"·"表示根轨迹上的点。

2. 控制系统的根轨迹法

根轨迹法是求解闭环系统特征方程的根（即闭环控制系统的极点）的一种图解方法。采用根轨迹法能在已知系统开环零、极点在 s 平面上位置的情况下，绘制出闭环极点在 s 平面上随某一参数变化时运动的轨迹。因为闭环系统特征方程的根决定着闭环系统的稳定性及主要动态性能，因而根轨迹法是分析和设计线性定常系统非常有效的图解方法。根据基本法则，可迅速作出近似的根轨迹图，以直观地反映系统参数的变化对根的分布的影响。

3. 根轨迹增益

设系统传递函数为 $G(s)$，并可表示成零极点形式：

$$G(s) = \frac{K^* \prod\limits_{i=1}^{m}(s-z_i)}{\prod\limits_{j=1}^{n}(s-p_j)} \tag{4.1}$$

则称 K^* 为系统的根轨迹增益。若 $G(s)$ 为系统的开环传递函数,则 K^* 为开环根轨迹增益;若 $G(s)$ 为系统的闭环传递函数关系式,则 K^* 为闭环根轨迹增益。

若系统非零的极点和非零的零点分别为 $p_1,p_2,\cdots,p_n$ 和 $z_1,z_2,\cdots,z_m$,则根据开环增益的定义,有下述关系式:

$$K = K^* \frac{\prod_{i=1}^{m}(-z_i)}{\prod_{j=1}^{n}(-p_j)} \tag{4.2}$$

4. 闭环零、极点和开环零、极点之间的关系

设控制系统的结构图如图 4.1 所示,其闭环传递函数为

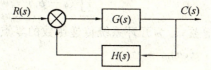

图 4.1　控制系统

$$\Phi(s) = \frac{G(s)}{1+G(s)H(s)} \tag{4.3}$$

在一般情况下,前向通道传递函数 $G(s)$ 及反馈通道传递函数 $H(s)$ 可以分别表示为

$$G(s) = \frac{K_G^* \prod_{i=1}^{f}(s-z_i)}{\prod_{j=1}^{q}(s-p_j)} \tag{4.4}$$

$$H(s) = \frac{K_H^* \prod_{i=1}^{l}(s-z_i)}{\prod_{j=1}^{h}(s-p_j)} \tag{4.5}$$

式中,K_G^* 为前向通道根轨迹增益;K_H^* 为反馈通道根轨迹增益。

于是,图 4.1 所示系统的开环传递函数可以表示为

$$G(s)H(s) = K^* \frac{\prod_{i=1}^{f}(s-z_i) K^* \prod_{j=1}^{l}(s-z_i)}{\prod_{i=1}^{q}(s-p_i) \prod_{i=1}^{h}(s-p_i)} \tag{4.6}$$

其中,$K^* = K_G^* K_H^*$,称为系统开环根增益。对于有 m 个开环零点和 n 个开环极点的系统,必须有 $f+l=m$ 和 $q+h=n$。将式(4.4)、式(4.6)代入式(4.3),得到系统的闭环传递函数为

$$\Phi(s) = \frac{K_G^* \prod_{i=1}^{f}(s-z_i) \prod_{j=1}^{h}(s-p_j)}{\prod_{j=1}^{n}(s-p_j) + K^* \prod_{i=1}^{m}(s-z_i)} \tag{4.7}$$

比较式(4.6)和式(4.7),可得到如下结论:

（1）闭环系统的根轨迹增益等于开环系统的前向通道根轨迹增益，对于单位反馈系统，闭环根轨迹增益等于开环根轨迹增益。

（2）闭环零点由开环前向通道传递函数的零点和反馈通道传递函数组成。对于单位反馈，闭环零点就是开环零点。

（3）系统的闭环极点与开环零点、开环极点以及根轨迹增益 K^* 均有关。

5. 根轨迹方程

设控制系统的开环传递函数为

$$G(s)H(s) = K^* \frac{\prod_{i=1}^{m}(s-z_i)}{\prod_{j=1}^{n}(s-p_j)} \tag{4.8}$$

式中，K^* 为系统的根轨迹增益；z_i 为开环系统传递函数的零点($i=1,2,\cdots,m$)；p_j 为开环传递函数的极点($j=1,2,\cdots,n$)。

系统的闭环特征方程为

$$1+G(s)H(s)=0 \tag{4.9}$$

可写为

$$K^* \frac{\prod_{i=1}^{m}(s-z_i)}{\prod_{j=1}^{n}(s-p_j)} = -1 \tag{4.10}$$

式(4.10)为根轨迹方程。z_i 为已知的开环零点，p_j 为已知的开环极点，从零到无穷。根轨迹方程实质上是一个向量方程，由它可得到绘制根轨迹的基本条件。

4.1.2 绘制根轨迹的基本法则

1. 常规根轨迹

法则 1 根轨迹的起点与终点。根轨迹起于开环极点，终止于开环零点。

法则 2 根轨迹的分支数、连续性和对称性。根轨迹的分支数与开环有限零点数 m 和有限极点数 n 中的大者相等，它们是连续的并且对称于实轴。

法则 3 根轨迹的渐近线。当开环有限极点数 n 大于有限零点数 m 时，且 $m-n$ 条根轨迹分支沿着与实轴交角为 φ_a，交点为 σ_a 的一组渐近线趋向无穷远处，且有

与实轴的交点

$$\sigma_a = \frac{\sum_{j=1}^{n}p_j - \sum_{i=1}^{m}z_i}{n-m} \tag{4.11}$$

与实轴的夹角

$$\varphi_a = \frac{(2l+1)\pi}{n-m}; \quad l=0,1,\cdots,n-m-1 \tag{4.12}$$

法则 4 根轨迹在实轴上的分布。实轴上的某一区域，若其右边开环实数零、极点个数之和为奇数，则该区域必是根轨迹。

法则 5 根轨迹的分离点与分离角。

试探法

$$\sum_{i=1}^{m} \frac{1}{d-z_i} = \sum_{j=1}^{n} \frac{1}{d-p_j} \tag{4.13}$$

重根法

$$M(s)N'(s) - M'(s)N(s) = 0 \tag{4.14}$$

说明 由式(4.13)计算出的分离点 d 应进行检验,舍去不在根轨迹上的值;当开环无零点时,应取 $\sum_{i=1}^{m} \frac{1}{d-z_i} = 0$。

法则 6 根轨迹数的起始角和终止角。根轨迹离开开环复数极点处的切线与正实轴的夹角,称为起始角,以 θ_{p_i} 表示;根轨迹进入开环复数零点处的切线与正实轴的夹角,称为终止角,以 φ_{z_i} 表示。这些角度可按如下关系式求出

$$\theta_{p_k} = (2l+1)\pi + \sum_{i=1}^{m} \varphi_{z_i}p_k - \sum_{\substack{j=1 \\ j \neq k}}^{n} \varphi p_j p_k \quad l=0, \pm 1, \pm 2, \cdots \tag{4.15}$$

$$\varphi_{z_k} = (2l+1)\pi - \left(\sum_{j=1}^{n} \varphi_{p_j}z_k - \sum_{\substack{i=1 \\ i \neq k}}^{m} \varphi z_j z_k\right) \quad l=0, \pm 1, \pm 2, \cdots \tag{4.16}$$

法则 7 根轨迹与虚轴的交点。

方法 1 可令 $s=j\omega_a$ 代入 $D(s)=0$,整理后令其实部、虚步分别为零,解得 ω_a 和 K^*。ω_a 值即是根轨迹与虚轴交点的坐标,K^* 则为系统处于临界稳定时的根轨迹增益。

方法 2 用劳斯判据求解 ω_a。

法则 8 根之和。系统的闭环特征方程在 $n > m$ 的一般情况下,有不同形式的表示

$$\prod_{j=1}^{n}(s-p_j) + K^* \prod_{j=1}^{m}(s-z_j) = s^n + a_1 s^{n-1} + \cdots + a_{n-1}s + a_n =$$
$$\prod_{j=1}^{n}(s-s_j) = s^n + \left(-\sum_{j=1}^{n} s_j\right)(s^{n-1}) + \cdots + \prod_{j=1}^{n}(-s_j) = 0 \tag{4.17}$$

式中,s_j 为闭环特征根。

当 $n-m \geq 2$ 时,特征方程第二项系数与 K^* 无关,无论 K^* 取何值,开环 n 个极点之和总是等于闭环特征方程 n 个根之和

$$\sum_{j=1}^{n} s_j = \sum_{j=1}^{n} p_j \tag{4.18}$$

在开环极点确定的情况下,这是一个不变的常数。所以,当开环增益 K 增大时,若闭环某些根 s 在平面上左移动,则另一部分向右移动。

在图 4.2 中列出了几种常见的开环零极点分布及其相应的根轨迹,供绘制概略轨迹图时作参考。

2. 闭环极点的确定

对于特定 K^* 值下的闭环极点,可以用模值条件来确定。一般来说,比较简单的方法是先用试探法确定实数闭环极点的数值,然后用综合除法得到其余的闭环极点。如果在

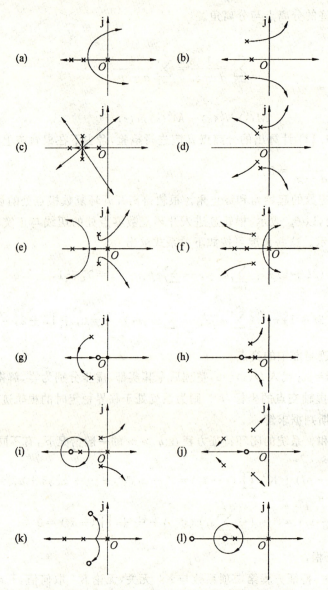

图 4.2 开环零、极点分布于相应的根轨迹图

特定的 K^* 值下,闭环系统只有一对复数极点,那么可以直接在概略轨迹图上,用上述方法获得要求的闭环极点。

4.1.3 广义根轨迹

在控制系统中,除根轨迹增益 K^* 以外,其他形式下的根轨迹称为广义根轨迹。如系统的参数根轨迹及零度根轨迹等均可列入广义根轨迹。

1. 参数根轨迹

已非开环增益为可变参数绘制的根轨迹为参数根轨迹。如果将系统的特征方程 $1+G(s)H(s)=0$ 中的不含可变参数的各项去除方程的两边,等效开环传递函数,即

$$A\frac{P(s)}{Q(s)} = -1 \tag{4.19}$$

则

$$G^*(s)H^*(s) = A\frac{P(s)}{Q(s)} \tag{4.20}$$

根据根轨迹的基本法则，可以画出以 A 为参考变量的广义根轨迹。

2. 零度根轨迹

满足

$$1 - G(s)H(s) = 0 \tag{4.21}$$

或

$$G(s)H(s) = 1 \tag{4.22}$$

的根轨迹方程称为零度根轨迹。

绘制零度根轨迹时只需将常规根轨迹法中与相角条件有关的法则加以改变即可。

(1) 实轴上根轨迹区段右侧为零、极点数之和为偶数。

(2) 根轨迹渐近线与实轴夹角为

$$\varphi_a = \frac{2l\pi}{n-m}, \quad l = 0, 1, \cdots, n-m-1 \tag{4.23}$$

(3) 根轨迹起始角与终止角为

$$\theta_{p_k} = 2l\pi + \left(\sum_{i=1}^{m}\varphi_{z_i p_k} - \sum_{\substack{j=1 \\ j \neq k}}^{n}\theta_{p_j p_k}\right) \tag{4.24}$$

$$\varphi_{z_k} = 2l\pi - \left(\sum_{\substack{i=1 \\ j \neq k}}^{m}\varphi_{z_j z_k} - \sum_{j=1}^{n}\theta_{p_j z_k}\right) \tag{4.25}$$

除这三个法则外其他法则不变。

零度根轨迹的绘制方法与常规根轨迹的绘制方法略有不同，绘制零度根轨迹的基础法则见表 4.1。

表 4.1 概略绘制零度根轨迹的基本法则

序号	内容	法则
1	根轨迹的起点和终点	根轨迹起于开环极点，终于开环零点
2	根轨迹的分支数、对称性和连续性	根轨迹的分支数等于开环极点数或开环零点数；根轨迹对称于实轴且是连续的
3	根轨迹渐近线	$n-m$ 条渐近线与实轴的交角和交点为 $\varphi_a = \frac{2l\pi}{n-m}, \quad l = 0, 1, \cdots, n-m-1$ $\sigma_a = \frac{\sum_{j=1}^{n}p_j - \sum_{i=1}^{m}z_i}{n-m}$
4	根轨迹在实轴上的分布	实轴上某一区域，若其右方开环实数零、极点个数之和为偶数，则该区域必是根轨迹

续表 4.1

序号	内容	法则
5	根轨迹的分离点和分离角	l 条根轨迹分支相遇,其分离点坐标由 $\sum_{i=1}^{m} \frac{1}{d-z_i} = \sum_{j=1}^{n} \frac{1}{d-p_j}$ 确定;分离角等于 $(2k+1)\pi/l$
6	根轨迹的起始角和终止角	起始角: $\theta_{p_k} = 2l\pi + \left(\sum_{i=1}^{m}\varphi_{z_i p_k} - \sum_{\substack{i=1\\i\neq k}}^{n}\theta_{p_j p_k}\right)$ 终止角: $\varphi_{z_k} = 2l\pi - \left(\sum_{\substack{i=1\\i\neq k}}^{m}\varphi_{z_j z_i} - \sum_{j=1}^{n}\theta_{p_j z_k}\right)$
7	根轨迹和虚轴的交点	根轨迹与虚轴的交点的 K^* 值和 ω 值,可用劳斯判据确定
8	根之和	$\sum_{j=1}^{n} s_j = \sum_{j=1}^{n} p_j$

4.1.4 系统性能的分析

因为根轨迹是闭环极点所走的路径,所以利用根轨迹图,可以了解系统闭环极点的分布情况,也能确定可变参数为某一值时,闭环极点的位置,这为定性地分析和定量地估算系统性能提供了依据。闭环系统零、极点位置对时间的影响,可以归纳为以下几点:

1. 稳定性

如果闭环极点全部位于 s 左半面,则这个系统一定是稳定的,即稳定性只与闭环极点位置有关,而与闭环零点位置无关,当根轨迹穿过虚轴进入 s 右半面时系统不稳定,根据根轨迹与虚轴的交点,可确定系统稳定的临界值。

2. 运动形式

如果闭环系统无零点,且闭环极点均为实数极点,则时间响应一定是单调的;如果闭环极点为复数极点,则时间响应一般是振荡的。

3. 超调量

超调量主要取决于闭环复数主导极点的衰减率 $\frac{\sigma_1}{\omega_d} = \frac{\xi}{\sqrt{1-\xi^2}}$,并与其他闭环零、极点接近坐标原点的程度有关。

4. 调节时间

调节时间主要取决于最靠近虚轴的闭环复数极点的实部绝对值,即 $\sigma_1 = \xi\omega_n$;如果实数极点距离虚轴最近,并且它附近没有实数零点,则调节时间主要取决于该实数零点,否则调节时间主要取决于该实数极点的实部。

5. 实数零、极点影响

零点减小系统的阻尼,使峰值时间提前,超调量增大;极点增大系统的阻尼,使峰值时间滞后,超调量减小,它们的作用,随着其本身接近坐标原点的程度而加强。

6. 偶极子及其处理

如果零、极点之间的距离比它们本身的模值小一个数量级,则它们就构成了偶极子。远离原点的偶极子,其影响可以忽略;接近原点的偶极子,其影响必须考虑。

7. 主导极点

在 s 平面上,最靠近虚轴附近而又无闭环零点的一些闭环极点,对系统性能影响最大,称为主导极点,凡比主导极点的实部大 6 倍以上的其他闭环零、极点,其影响均可以忽略。高阶系统中常用主导极点的概念分析系统。

4.2 典型例题

例 4-1 控制系统的开环传递函数为 $G(s)$,试分别画出负反馈系统的根轨迹图,并指出它的稳定情况。

$$G(s) = \frac{k(s+1)}{s^2(s+2)(s+4)}$$

解 负反馈系统(180°根轨迹)的根轨迹方程为

$$\frac{k(s+1)}{s^2(s+2)(s+4)} = -1$$

$$p_{1,2}=0, \quad p_3=-2, \quad p_4=-4, \quad z_1=-1; \quad n-m=3$$

渐近线为

$$\sigma_a = -1.6667, \quad \varphi_a = 180°, \pm 60°$$

实轴上的根轨迹为

$$(-\infty, -4), (-2, -1)$$

与实轴的交点为

$$3s^4 + 16s^3 + 26s^2 + 16s = 0$$

无$(x_a=-3.0837;0)$;
与虚轴的交点为

Re: $\quad \omega^4 - 8\omega^2 + k = 0$

Im: $\quad \omega(6\omega^2-k)=0, \quad \omega_c=\pm 1.414, \quad k_c=12$

系统在 $0 < k < 12$ 时,闭环系统稳定,根轨迹如图 4.3 所示。

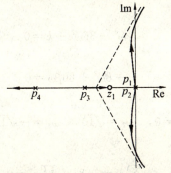

图 4.3 例 4-1 根轨迹图

例 4－2 设某反馈系统的开环传递函数为

$$G(s)H(s) = \frac{K}{s(s+4)(s^2+4s+20)}$$

绘制该系统的根轨迹图。

解 （1）根轨迹的起止：

$$p_1=0, \quad p_2=-4, \quad p_3=-2+j, \quad p_4=-2-j$$

系统极点数目 $n=4$，开环零点数目 $m=0$。

（2）根轨迹的分支数 $n=4$。

（3）根轨迹关于实轴对称。

（4）根轨迹渐近线条数为 $n-m=4$。

渐近线与实轴交点坐标为

$$\sigma_a = \frac{\sum_{j=1}^{n} p_j - \sum_{i=1}^{m} z_i}{n-m} = -2$$

渐近线与实轴正向夹角为

$$\varphi_a = \frac{\pm\pi(2l-1)}{n-m} = \pm 45°; \pm 135°$$

（5）在实轴上 $[0,4]$ 线段隶属 $180°$ 根轨迹。

（6）由于起始于开环极点 $p_1=0$ 及 $p_2=-4$ 的两个根轨迹，分支脱离实轴处的分离点坐标，所以

$$\frac{d}{ds}[s(s+4)(s^2+4s+20)]|_{s=\partial}=0$$

得出 $\partial=-2$

（7）起始于开环共轭复极点 $p_3=-2+j, p_4=-2-j$ 两根轨迹分支处的入射角 $\theta_{p_3}=-90°, \theta_{p_4}=+90°$。

（8）根轨迹与虚轴交点。

设两点坐标为 $A(0,-2+jb), B(0,-2-jb)$，所以有

$$(s+2-jb)^2 \times (s+2+jb)^2 = s(s+4)(s^2+4s+20)+k$$

解得

$$b=\pm\sqrt{6}=\pm 2.45, \quad k_A=k_B=100$$

实部方程为

$$\omega^4-36\omega^2+k=0$$

虚部方程为

$$-8\omega^3+80\beta\omega=0$$

解得

$$\omega_1=0, \quad \omega_2=\sqrt{10}, \quad \omega_3=-\sqrt{10}\,\text{rad/s}$$

（9）闭环极点的和与积。

$$\sum_{j=1}^{n} s_j = -8, \quad \prod_{j=1}^{n} s_j = 0$$

(10) 开环增益。

$$k_v = 100 \times \frac{1}{4(2-j4)(2+j4)} = 1.25 \text{ s}^{-1}$$

综上所述绘制完整根轨迹图如图 4.4 所示。

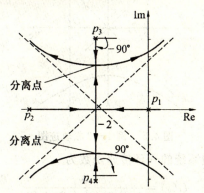

图 4.4　例 4-2 根轨迹图

例 4-3　设负反馈系统的开环传递函数为

$$G(s) = \frac{k}{s(s+4)(s^2+4s+20)}$$

试概略绘制该系统的根轨迹图。

解　　　　$p_{1,2} = -2 \pm j4$,　　$p_3 = 0$,　　$p_4 = -4$;　　$n - m = 4$

渐近线为

$$\sigma_a = -2, \quad \varphi_a = \pm 45°, \quad \pm 135°$$

实轴上的根轨迹为　　　　　　　　$(-4, 0)$

与实轴的交点和重根点为

$$(s+2)(s^2+4s+10) = 0$$

$$s_1 = -2, k_1 = 64; \quad s_{2,\bar{2}} = -2 \pm j2.4495, \quad k_2 = 100$$

起始角为

$$\theta_{p_1} = 90° - \angle(-2+j4) - \angle(2+j4) = -90°; \theta_{p_2} = 90°$$

与虚轴的交点为

Re:　　　　　　　　$\omega^4 - 36\omega^2 + k = 0$

Im:　　　　$\omega(\omega^2 - 10) = 0; \quad \omega = \pm 3.1623, \quad k_c = 260$

由规则 5,根轨迹与实轴的交点(闭环系统的重极点、分离点),满足方程

$$\frac{dA(s)}{ds}B(s) - A(s)\frac{dB(s)}{ds} = 0 \quad \left\{G(s) = \frac{kB(s)}{A(s)}\right\}$$

系统的根轨迹图如图 4.5 所示。

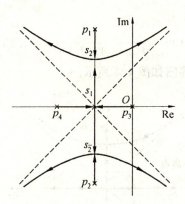

图 4.5 例 4-3 根轨迹图

例 4-4 已知负反馈系统的开环传递函数为

$$G(s) = \frac{k}{(s+3)(s^2+2s+2)}$$

试选择 k 值，使闭环系统的超调量 $\sigma\% \leqslant 25\%$，调节时间 $t_s \leqslant 10$ s。

解 根轨迹方程为

$$\frac{k}{(s+3)(s^2+2s+2)} = -1$$

$$p_{1,2} = -1 \pm j, \quad p_3 = -3; \quad n-m = 3$$

渐进线为 $\sigma_a = -5/3, \quad \varphi_a = \pm 60°, \quad 180°$

实轴上的根轨迹为 $(-\infty, -3)$

与虚轴的交点为

Re: $-5\omega^2 + 6 + k = 0$

Im: $-\omega^3 + 8\omega = 0; \quad \omega_c = \pm 2.83, \quad k_c = 34$

起始角为

$$\theta_{p_1} = 180° - 90° - \angle(-1+j+3) = 63.4°, \quad \theta_{p_2} = -63.4°$$

根轨迹如图 4.6 所示。

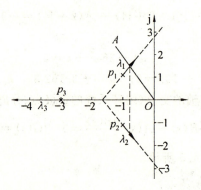

图 4.6 例 4-4 根轨迹图

该三阶系统近似满足具有闭环主导极点条件。性能指标可按二阶系统近似计算，$\sigma\% = 25\%$ 时，$\xi = 0.4$，系统阻尼角为 $\beta = 66.4°$；作等阻尼线 OA，使之与实轴夹角为

113.6°。OA 与根轨迹交点为（闭环主导极点）$\lambda_1 = -0.4\omega_n + j\omega_n\sqrt{1-0.16^2}$，特征多项式满足

$$(s^2 + 0.8\omega_n s + \omega_n^2)(s + \lambda_3) = s^3 + 5s^2 + 8s + 6 + k$$

解得

$$\omega_n = 1.73, \quad \lambda_3 = -3.616, \quad k = 4.82$$

闭环主导极点

$$\lambda_{1,2} = -0.692 \pm j1.586$$

此时，$t_s = 4/(0.4 \times 1.73) = 5.78 < 10\text{ s}$，满足要求。

例 4-5 已知系统的开环传递函数为

$$G(s)H(s) = \frac{k(s^2 + 2s + 2)}{s(s+2)(s+3)}$$

试绘制系统的根轨迹。

解 由开环传递函数求得开环零、极点：$p_1 = -2, p_2 = -3; z_1 = -1 + j, z_2 = -1 - j$。用"×"表示开环极点，"○"表示开环零点，将本例开环零、极点标在 [s] 平面上，如图 4.7 所示。

系统由三条根轨迹起始于系统的三个开环极点，其中两条根轨迹终止于系统的两开环零点，第三条根轨迹终止于无穷远处。

由实轴上的根轨迹段的判别规则可知，实轴上 $[p_1, p_2]$ 段和 $(-\infty, p_3]$ 段是根轨迹段，而 (p_2, p_3) 不是根轨迹段。根轨迹如图 4.7 所示。

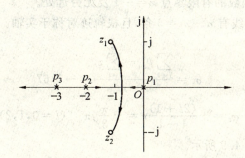

图 4.7 例 4-5 根轨迹图

例 4-6 设开环传递函数为

$$G(s)H(s) = \frac{K_1(s - z_1)}{s(s - p_2)(s - p_3)}$$

其零、极点分布如图 4.8 所示，判断 s 平面上某点是否是根轨迹上的点。

解 在 s 平面上任取一点 s_1，作出所有开环零、极点到点 s_1 的向量，若在该点处相角条件

$$\sum_{i=1}^{m} \varphi_i - \sum_{j=1}^{n} \theta_j = \varphi_1 - (\theta_1 + \theta_2 + \theta_3) = \pm 180°(2l + 1)$$

成立，则 s_1 为根轨迹上的一个点。该点对应的根轨迹如图 4.8 所示。

K_1 根据幅值条件计算如下：

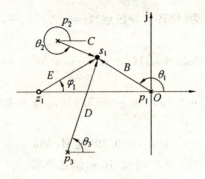

图 4.8 极点分布图

$$K_1 = \frac{\prod_{j=1}^{n}|s_1-p_j|}{\prod_{i=1}^{m}|s_1-z_i|} = \frac{BCD}{E}$$

例 4-7 设单位反馈系统的开环传递函数为

$$G(s) = \frac{K^*(s+1)}{s(s+4)(s^2+2s+2)}$$

根据已知法则,确定绘制根轨迹的有关数据。

解 (1)根轨迹起始于开环传递函数的极点

$$p_1=0, \quad p_2=-4, \quad p_3=-1+\mathrm{j}, \quad p_4=-1-\mathrm{j}$$

终止于开环传递函数的有限零点 $z=-1$ 及无穷远处。

(2)根轨迹的渐近线有 $n-m=3$ 条,且根轨迹对称于实轴。

$$\sigma_a = \frac{\sum_{j=1}^{n}p_j - \sum_{i=1}^{m}z_i}{n-m} = -1.67$$

$$\varphi_a = \pm\frac{(2l+1)}{4-1}\pi = \pm\frac{\pi}{3},\pi \quad (l=0,1,2)$$

(3)作出图形如图 4.9 所示。

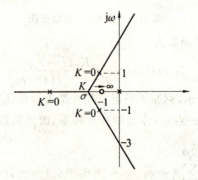

图 4.9 例 4-7 根轨迹图

例 4－8 已知单位负反馈为

$$G(s)H(s) = \frac{K_1}{s(s+1)(s+2)}$$

试画出根轨迹的大致图形。

解 按根轨迹绘制的规则：

(1) 起点为 $0, -1, -2$；终点为 ∞, ∞, ∞。
(2) 分支数为 $n=3$。
(3) 根轨迹对称于实轴。
(4) 渐近线：因为本系统中，$n=3, m=0$，所以渐近线共有 3 条。
渐近线的倾角为

$$\varphi = \frac{\pm\pi \times (2k+1)}{3-0}$$

$$\varphi_1 = \pi/3, \quad \varphi_2 = \pi, \quad \varphi_3 = -\pi/3$$

取 $k=0,1,2$，得到：
渐近线与实轴的交点为

$$\sigma_a = -\frac{(0+1+2)+0}{3-0} = -1$$

(5) 根轨迹在实轴上的分布：$0 \sim -1, -2 \sim -\infty$ 之间。
根轨迹如图 4.10 所示。

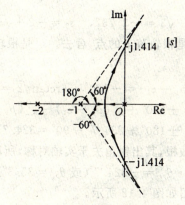

图 4.10 例 4－8 根轨迹图

例 4－9 设系统如图 4.11 所示，试求该系统根轨迹在实轴上的会合点。

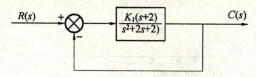

图 4.11 例 4－9 系统方框图

解 系统的开环传递函数为

$$G(s)H(s) = \frac{K_1(s+2)}{s^2+2s+2} = \frac{K^*(s+2)}{s^2+2s+2}$$

令
$$\frac{d}{ds}[G(s)H(s)] = \frac{d}{ds}\left[\frac{s+2}{s^2+2s+2}\right] = \frac{s^2+4s+2}{(s^2+2s+2)^2} = 0$$

求得
$$s_1 = -0.586, \quad s_2 = -3.414$$

代入特征方程 $1+G(s)H(s)=0$，检验：s_1 代入，求得 $K^* < 0$，故舍去；s_2 代入，求得 $K^* > 0$。所以 s_2 为会合点。

$$\frac{34}{5}s^2 + K_1 = 0, \quad \omega = \pm 1.1$$

例 4－10 负反馈控制系统的开环传递函数为

$$G(s)H(s) = \frac{k(s+2)}{s^2+2s+3}$$

试绘制系统的根轨迹图。

解 令 $s^2+2s+3=0$，求得开环极点 $p_{1,2} = -1 \pm j\sqrt{2}$，开环零点 $z_1 = -2$。

(1) 根轨迹的分支数为 2。

(2) 两条根轨迹的起点分别是 p_1 和 p_2；终止点是 z_1 及无穷远处。

(3) 根轨迹在实轴上的轨迹段：$(-\infty, -2]$。

(4) 根轨迹的渐近线：由于 $n=2, m=1$，所以只有 1 条根轨迹渐近线，就是负实轴。

(5) 根轨迹与实轴的会合点：$A(s)=s^2+2s+3$，$B(s)=s+2$，代入重根条件式(4.16)得 $s^2+4s+1=0$，解得

$$s_1 = -2-\sqrt{3} = -3.737, \quad s_2 = -2+\sqrt{3} = -1.263$$

由(3)分析已知，s_2 不是根轨迹上的点，舍去。s_1 是根轨迹与实轴的交点。

(6) 求出射角

$$\angle(p_1 - z_1) = -180° + \arctan\sqrt{2} = 234.7°$$
$$\theta_{p_1} = \pm 180° + \angle(p_1 - z_1) - \angle(p_1 - p_2) =$$
$$\pm 180° + 234.7° - 90° = 324.7° \text{（或 } \theta_{p_1} = -35.3°\text{）}$$

因为 p_1, p_2 为共轭复数根，其出射角关于实轴对称，所以 p_2 的出射角为

$$\theta_{p_2} = -324.7° \text{（或 } \theta_{p_2} = 35.3°\text{）}$$

绘制出系统的根轨迹图如图 4.12 所示。

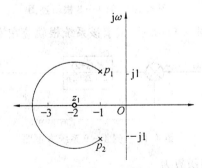

图 4.12　例 4－10 根轨迹图

例 4－11 已知负反馈控制系统的开环传递函数为

$$G(s)H(s) = \frac{k}{s(s+1)(s+2)}$$

绘制系统的根轨迹。求系统根轨迹与虚轴的交点及该点处的参数 k 的值。

解 由 $s(s+1)(s+2)=0$ 求得,开环极点 $s=0, s=-1, s=-2$。

(1) 根轨迹的分支数为 3。

(2) 三条根轨迹的起点分别是实轴上的 $(0,j0),(-1,j0),(-2,j0)$；终止点都为无穷远处。

(3) 根轨迹在实轴上的轨迹段为 $[p_1,p_2]$ 段和 $(-\infty,p_3]$ 段。

(4) 根轨迹的渐近线：由于 $n=3, m=0$，所以根轨迹有 3 条趋于无穷远的渐近线。

渐近线与实轴正方向的夹角为

$$\theta_l = \frac{(2l+1)\pi}{n-m} = \frac{\pi}{3}, (l=0)$$

渐近线在实轴上的交点为

$$\sigma = \frac{\sum_{j=1}^{n} p_j - \sum_{i=1}^{m} z_i}{n-m} = \frac{0-1-2-0}{3} = -1$$

(5) 根轨迹与实轴的分离点：$A(s)=s(s+1)(s+2)=s^3+3s^2+2s, B(s)=1$，代入重根条件式(4.17)得 $3s^2+6s+2=0$，解得

$$s_1 = -0.422, \quad s_2 = -1.574$$

由(3)分析已知，s_2 不是根轨迹上的点，舍去。s_1 是根轨迹与实轴的交点。绘制出系统的根轨迹图如图 4.13 所示。

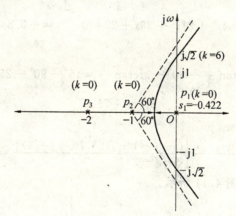

图 4.13　例 4-11 根轨迹图

控制系统的闭环特征方程为

$$s^3 + 3s^2 + 2s + k = 0$$

将 $s=j\omega$ 代入特征方程中，得

$$-j\omega^3 - 3\omega^2 + j2\omega + k = 0$$

实部方程为 $\qquad -3\omega^2 + k = 0$

虚部方程为 $\qquad -\omega^3 + 2\omega = 0$

解虚部方程,得
$$\omega_1 = 0, \quad \omega_{2,3} = \pm\sqrt{2}$$

将所得 ω 值代入实部方程得对应的 k 值。$\omega_1 = 0, k = 0$；$\omega_{2,3} = \pm\sqrt{2}, k = 6$。交点及所对应 ω 和 k 标在图 4.13 中。可见,当 $k > 6$ 时,系统不稳定。

例 4-12 设某正反馈系统的开环传递函数为
$$G(s)H(s) = \frac{K(s+2)}{(s+3)(s^2+2s+2)}$$

试绘制该系统的轨迹图,确定零界增益 K_c。

解 因给定系统为正反馈,则有
$$1 - G(s)H(s) = 0$$

这样根轨迹方程为
$$G(s)H(s) = \frac{k(s+2)}{(s+3)(s^2+2s+2)} = 1$$

因此需按 0° 根轨迹的规则来绘制。

(1) $n = 3, m = 1$。

开环极点：$p_1 = -3, p_2 = -1+j, p_3 = -1-j$。

开环零点：$z_1 = -2$。

(2) 渐进线 $\varphi_a = 0, 180°$,无需计算 σ_a。

(3) 根轨迹与实轴交点为
$$\frac{d}{ds}\left[\frac{(s+3)(s^2+2s+2)}{s+2}\right]_{s=a} = 0$$
$$4s^3 + 21s^2 + 36s + 22 = 0, \quad s = -0.8$$

(4) 出射角
$$\theta_{p_2} = 0° + \arctan\frac{1}{1} - 90° - \arctan\frac{1}{2} = 45° - 90° - 26.6° = -71.6°$$
$$\theta_{p_3} = +71.6°$$

零界增益
$$K_c = \frac{|0-(-1+j)| \cdot |0-(-1-j)| \cdot |0-(-3)|}{|0-(-2)|} = 3 \quad 0 < K_c < 3$$

综上可得根轨迹如图 4.14 所示。

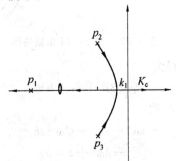

图 4.14 例 4-12 根轨迹图

例 4－13 设某负反馈系统的传递函数为
$$G(s)H(s)=\frac{10}{s(s+a)}$$
试绘制以 a 为参变量的根轨迹图。

解
$$1+G(s)H(s)=1+\frac{10}{s(s+a)}=0$$
$$1+\frac{as}{s^2+10}=0$$

(1) $z_1=0, p_1=\mathrm{j}\sqrt{10}, p_2=-\mathrm{j}\sqrt{10}$。

(2) 渐近线:$\varphi_a=\dfrac{(2l+1)\pi}{2-1}=\pi, l=0$。

(3) 轨迹与实轴交点为
$$a=-\frac{s^2+10}{s}$$
$$\frac{\mathrm{d}a}{\mathrm{d}s}=-\frac{2s\cdot s-(s^2+10)}{s^2}=\frac{s^2-10}{s^2}$$
$$s=\pm\sqrt{10}$$

(4) 出射角为
$$\theta_{p_1}=180°+90°-90°=180°$$
$$\theta_{p_2}=-180°$$

综上可得系统根轨迹如图 4.15 所示。

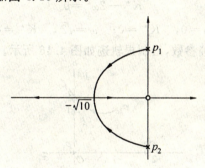

图 4.15　例 4－13 根轨迹图

例 4－14 设系统的开环传递函数为
$$G(s)=\frac{K^*}{s(s^2+2s+2)}$$
求其根轨迹。

解 (1) 开环极点:$p_1=0, p_2=-1+\mathrm{j}, p_3=-1-\mathrm{j}, n=4$;没有开环零点:$m=0$。

(2) 根轨迹的分支数 $n=4$。

(3) 根轨迹关于实轴对称。

(4) 渐近线:$n-m=4$ 条。

渐近线与实轴的交点为

$$\sigma_a = \frac{\sum_{j=1}^{n} p_j - \sum_{i=1}^{m} z_i}{n-m} = -\frac{2}{3}$$

渐近线与正实轴的夹角为

$$\varphi_a = \frac{(2l+1)\pi}{n-m} = \frac{(2l+1)\pi}{3} = \pm 60°, 180° (l=0, \pm 1)$$

(5) 根轨迹在实轴上的分布：整个负实轴。

(6) 分离点与会合点：

$$\frac{d}{ds}[s(s^2+2s+2)]_{s=a} = 0$$

解得 $a_{1,2} = -0.67 \pm j0.47$，不在根轨迹上，故无分离点。

(7) 根轨迹的起始角。

$$\theta_{p_2} = (2l+1)\pi - \angle(p_2-p_1) - \angle(p_2-p_3) = 180° - 135° - 90° = -45°$$
$$\theta_{p_3} = 45°$$

(8) 与虚轴的交点。

将 $s=j\omega$ 代入系统闭环特征方程

$$j\omega[(j\omega)^2 + 2(j\omega) + 2] + K^* = 0$$
$$(K^* - 2\omega^2) + j(2\omega - \omega^3) = 0$$

实部、虚部为零

$$2\omega - \omega^3 = 0$$
$$K^* - 2\omega^2 = 0$$

解得 $\omega = 0$，$K^* = 0$；$\omega = \sqrt{2}$，$K^* = 4$

根据以上所计算根轨迹参数，绘制根轨迹如图 4.16 所示。

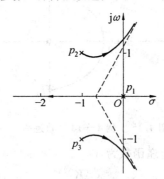

图 4.16　例 4-14 根轨迹图

例 4-15 单位反馈系统开环传递函数为

$$G(s) = \frac{\frac{1}{4}(s+a)}{s^2(s+1)}$$

试绘制 $a = 0 \to \infty$ 时的根轨迹。

解 系统的闭环特征方程为

$$D(s) = s^3 + s^2 + \frac{1}{4}s + \frac{1}{4}a = 0$$

$$G^*(s) = \frac{\frac{1}{4}a}{s\left(s^2 + s + \frac{1}{4}\right)} = \frac{\frac{1}{4}a}{s\left(s + \frac{1}{2}\right)^2}$$

(1) 开环极点：$p_1 = 0, p_2 = p_3 = -\frac{1}{2}$；零点无穷远。

(2) 根轨迹分支数 $n = 3$。

(3) 根轨迹关于实轴对称。

(4) 渐近线 $n - m = 3$ 条。

$$\sigma_a = \frac{-\frac{1}{2} - \frac{1}{2}}{3} = -\frac{1}{3}, \quad \varphi_a = \frac{\pm \pi(2l+1)}{3} \pm \frac{\pi}{3}, \pi$$

(5) 实轴上根轨迹：$\left[-\frac{1}{2}, 0\right]$，$\left(-\infty, -\frac{1}{2}\right)$。

(6) 分离点与会合点 $\dfrac{\mathrm{d}}{\mathrm{d}s}\left[s\left(s^2 + s + \frac{1}{4}\right)\right]_{s=a} = 0, a = -0.17$。

(7) 不考虑出射角与入射角。

(8) 根轨迹与虚轴的交点

$$D(j\omega) = (j\omega)^3 + (j\omega)^2 + \frac{1}{4}(j\omega) + \frac{a}{4} = \left(-\omega^2 + \frac{a}{4}\right) + j\left(-\omega^3 + \frac{1}{4}\omega\right) = 0$$

$$\begin{cases} \mathrm{Re}[D(j\omega)] = -\omega^2 + \dfrac{a}{4} = 0 \\ \mathrm{Im}[D(j\omega)] = -\omega^3 + \dfrac{a}{4}\omega = 0 \end{cases}$$

解得

$$\begin{cases} \omega = \pm \dfrac{1}{2} \\ a = 1 \end{cases}$$

作出根轨迹图如图 4.17 所示。

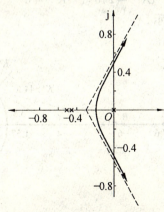

图 4.17　例 4-15 根轨迹图

例 4－16 系统的开环传递函数为

$$G(s)H(s) = \frac{K^*}{s(s+4)(s+6)}$$

试画根轨迹。

解 （1）极点 $p_1 = 0, p_2 = -4, p_3 = -6$。

（2）分支数 $n = 3$。

（3）根轨迹关于实轴对称。

（4）渐近线：$n - m = 3$ 条。

渐近线的夹角为

$$\varphi_a = \frac{\pm 180°(2k+1)}{3} = \pm 60°, 180°$$

渐近线与实轴的交点为

$$\sigma_a = -\frac{(0+4+6)-0}{3} = -3.33$$

（5）根轨迹在实轴上的分布为 $[-4, 0]$ 和 $(-\infty, -6]$。

（6）分离点与会合点。

$$\frac{d}{ds}[s(s+4)(s+6)] = 0$$

$$s_1 = -1.57 \quad s_2 = -5.1(舍)$$

（7）出射角与入射角不考虑。

（8）根轨迹与虚轴交点。

系统的特征方程为

$$s(s+4)(s+6) + K^* = 0$$

令 $s = j\omega$ 代入，求得

实部方程为 $\quad 10\omega - K^* = 0$

虚部方程为 $\quad \omega^3 - 24\omega = 0$

解得 $\quad \begin{cases} \omega = \pm 4.9 \\ K^* = 240 \end{cases}, \begin{cases} \omega = 0 \\ K^* = 0 \end{cases}$（舍）

作出根轨迹如图 4.18 所示。

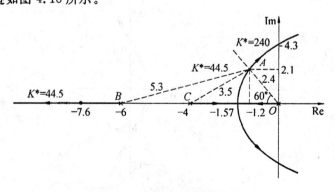

图 4.18　例 4－16 根轨迹图

例 4—17 某反馈系统的方框图如图 4.19 所示。试绘制 K 从 0 变到 ∞ 时该系统的根轨迹图。

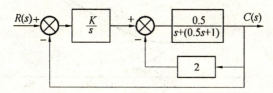

图 4.19 例 4—17 系统方框图

解 给定控制系统的开环传递函数为

$$G(s)=\frac{k}{s}\cdot\frac{\dfrac{1}{2}}{s\left(\dfrac{1}{2}s+1\right)}=\frac{k}{s(s^2+2s+2)}$$

$$1+\frac{\dfrac{1}{2}}{s\left(\dfrac{1}{2}s+1\right)}\times 2$$

给定系统的根轨迹方程为

$$\frac{K}{s[s-(-1+\mathrm{j})][s-(-1-\mathrm{j})]}=-1$$

代表 180°根轨迹。

(1) 开环极点 $p_1=-1+\mathrm{j},p_2=-1-\mathrm{j},p_3=0$,$n=3$,无开环零点,即 $m=0$,故当 $k\to\infty$ 时 3 条根轨迹趋向无穷远处。

(2) 3 条渐近线在实轴上相交于一点,其坐标为

$$\sigma_\mathrm{a}=\frac{\sum_{j=1}^{n}p_j-\sum_{i=1}^{m}z_i}{n-m}=-\frac{2}{3}$$

渐近线与实轴正方向的夹角为

$$\varphi_i=\frac{(2l+1)\pi}{n-m}=\frac{(2l+1)\pi}{3}\quad(l=0,1,2,\cdots,n-m-1)$$

解得

$$\varphi_1=60°,\quad \varphi_2=180°,\quad \varphi_3=-60°$$

$(-\infty,0]$ 属于实轴上的根轨迹。

(4) 出射角

$$\theta_{p_1}=180°-\angle(p_1-p_2)-\angle(p_1-p_3)=180°-90°-135°=-45°$$
$$\theta_{p_2}=+45°$$

(5) 计算根轨迹与虚轴的相交点的坐标。给定系统的特征方程为

$$s^3+2s^2+2s+K=0$$

令 $s=\mathrm{j}\omega$,则求得 $\omega=0$ 及 $\omega=\pm\sqrt{2}$,$K=2\omega^2$,根轨迹与虚轴有 3 个交点,其坐标分别为 $(0,\mathrm{j}0)$,$(0,\mathrm{j}\sqrt{2})$。根轨迹与虚轴相交点对应的 K 值为 $K=0$ 和 $K=2\times(\sqrt{2})^2=4$。则当

$0 \leqslant K < 4$ 时系统稳定。根轨迹大致图形如图 4.20 所示。

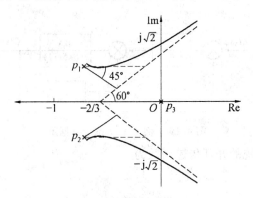

图 4.20　例 4－17 根轨迹图

例 4－18　设某正反馈系统的开环传递函数为
$$G(s)H(s) = \frac{k(s+2)}{(s+3)(s^2+2s+2)}$$
试为该系统绘制以 k 为参变量的根轨迹图。

解　该正反馈系统的根轨迹方程为
$$\frac{k(s+2)}{(s+3)(s^2+2s+2)} = \pm 1$$

需按 $0°$ 根轨迹绘制。

(1) 开环极点，$p_1 = -3, p_{2,3} = -1 \pm j, n = 3$；开环零点 $z_1 = -2, m = 1$。

(2) 根轨迹具有两条渐近线，其与实轴正方向的夹角为
$$\varphi_i = \frac{2l\pi}{n-m} \quad (l = 0, 1, \cdots, n-m-1)$$

分别求得
$$\varphi_1 = 0°, \quad \varphi_2 = 180°$$

$[-3, -\infty)$ 和 $[-2, +\infty)$ 为实轴上的根轨迹。

(4) 出射角
$$\theta_{p_2} = 0° + \angle(p_2 - z_1) - \angle(p_2 - p_3) = 0° + 45° - 26.6° - 90° = -71.6°$$
$$\theta_{p_1} = -\theta_{p_2} = +71.6°$$

(5) 根轨迹与实轴交点
$$\frac{d}{ds}\left[\frac{(s+3)(s^2+2s+2)}{k(s+2)}\right]\bigg|_{s=a} = 0$$

求得实数解 $a_1 = -0.8$，因此，极轨迹与实轴会合点坐标为 $(-0.8, j0)$。

(6) 给定系统的特征方程为
$$1 - \frac{k(s+2)}{(s+3)(s^2+2s+2)} = 0$$

即
$$s^3 + 5s^2 + (8-k)s + (6-2k) = 0$$

将 $s=\mathrm{j}\omega$ 代入方程,解出 $\omega=0, k=3$,对应的开环增益为 $K=\dfrac{k\times 2}{3\times 2}=1$。当 $1>K\geqslant 0$ 时,该系统稳定。当 $K>1$ 时,该系统不稳定。该系统的根轨迹大致图形如图 4.21 所示。

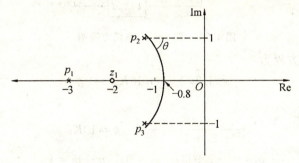

图 4.21 例 4-18 根轨迹图

例 4-19 负反馈控制系统前向通道的传递函数和反馈通道的传递函数分别为

$$G(s)=\dfrac{k}{s^2(s+1)}, \quad H(s)=1$$

(1) 试绘制系统的根轨迹图,判断系统的稳定性;
(2) 若 $H(s)=s+0.5$,$G(s)$ 不变,绘制系统的根轨迹,并判断系统的稳定性。

解 (1) 控制系统开环传递函数为

$$G(s)H(s)=\dfrac{k}{s^2(s+1)}$$

运用规则绘制出根轨迹图(过程同上,略)如图 4.22(a) 所示。由图可知,当 k 由 $0\to\infty$ 时,根轨迹有两条分支落在 $[s]$ 的右半平面上,故闭环系统不稳定。

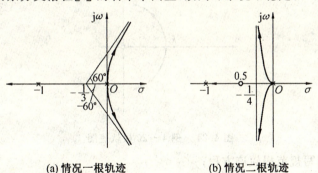

(a) 情况一根轨迹　　　　　　(b) 情况二根轨迹

图 4.22 例 4-19 根轨迹图

(2) 当控制系统开环传递函数为

$$G(s)H(s)=\dfrac{k(s+0.5)}{s^2(s+1)}$$

时,绘制系统根轨迹图如图 4.22(b) 所示。由图可知,系统增加零点后,当 k 由 $0\to\infty$ 时,系统根轨迹落在 $[s]$ 的左半平面上,故闭环系统稳定。

例 4-20 控制系统如图 4.23 所示,图中参数 K_β 为速度反馈系数。试绘制以 K_β 为参量的根轨迹,并确定系统临界阻尼时的 K_β 值。

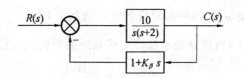

图 4.23 例 4-20 系统方框图

解 系统特征方程为
$$s^2 + 2s + 10 + 10K_\beta s = 0$$

根轨迹方程为
$$\frac{ks}{s^2 + 2s + 10} = -1, \quad k = 10K_\beta$$

$$p_{1,2} = -1 \pm j3; \quad z_1 = 0; \quad n - m = 1$$

实轴上的根轨迹为 $(-\infty, 0)$

与实轴的交点为 $s^2 - 10 = 0$

$$\sigma_x = -\sqrt{10}, \quad k_x = 2\sqrt{10} - 2$$

根轨迹起始角为
$$\theta_{p_1} = -161.6°, \quad \theta_{p_2} = 161.6°$$

根轨迹与虚轴无交点；

系统临界阻尼时 $k_x = 2\sqrt{10} - 2$，即 $K_\beta = 0.4324$。

综上可得系统根轨迹如图 4.24 所示。

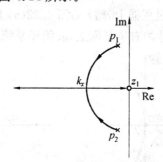

图 4.24 例 4-20 根轨迹图

点评 ① 列写规范根轨迹方程；
② 具有一个开环零点的二阶系统，在实轴外的根轨迹是圆心为开环零点的圆周的一部分。

例 4-21 已知系统方框图如图 4.25 所示，试求同时满足下列两个条件的 K 值。

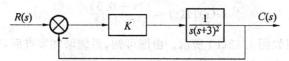

图 4.25 例 4-21 系统方框图

(1) $r(t) = t$ 时，稳态误差 $e_{ss} \leqslant 2.25$；

(2) 阶跃响应无超调。

解 (1) $K_v = \lim_{s \to 0} sG(s) = \dfrac{K}{9}, \dfrac{K}{9} \geqslant \dfrac{1}{2.25}, K \geqslant 4$；

(2) 据题意，要求闭环极点均为负实数，取满足该条件的最大 K_m 值，有重极点，即
$$s(s+3)^2 + K_m = (s+a)^2(s+b) \quad a > 0, \quad b > 0$$
则
$$\begin{cases} 2a + b = 6 \\ 2ab + a^2 = 9 \end{cases}$$
$$\begin{cases} a = 1 \\ b = 4 \end{cases}$$
$$K_m = a^2 b = 4 \quad K \leqslant 4$$

同时满足两个条件的 K 值为 $K = 4$。

点评 ① 计算满足稳态误差要求的最小 K 值；
② 计算临界阻尼(3 个极点均为负实数)的最大 K 值。
③ 应用根轨迹概念，计算满足条件 ② 的 K 值。
(2) 根轨迹方程 $K/[s(s+3)^2] = -1$；实轴上根轨迹为 $(-\infty, -3), (-3, 0)$；
根轨迹与实轴交点：解 $3s^2 + 12s + 9 = 0$，得 $\sigma_x = -1, K_x = 4; K \leqslant K_x = 4$。

4.3 练 习 题

4-1 控制系统的开环传递函数为 $G(s)$，试分别画出正反馈系统和负反馈系统的根轨迹图，并指出它们的稳定情况有何不同。
$$G(s) = \dfrac{k(s+1)}{s^2(s+2)(s+4)}$$

4-2 设单位反馈控制系统开环传递函数如下，试概略绘出相应的系统根轨迹图。

(1) $G(s) = \dfrac{K(s+1)}{s(2s+1)}$；

(2) $G(s) = \dfrac{K}{s(0.2s+1)(0.5s+1)}$；

(3) $G(s) = \dfrac{k(s+2)}{s(s+2)(s+3)}$；

(4) $G(s) = \dfrac{K}{s(0.5s+1)}$。

4-3 已知负反馈系统的开环传递函数为
$$G(s)H(s) = \dfrac{K}{s^2(s+2)(s+5)}$$
其中，$H(s) = 1$。
(1) 概略绘出系统的根轨迹图，判断闭环系统的稳定性。
(2) 若 $H(s) = 1 + 2s$，试判断 $H(s)$ 变化后系统的稳定性。

4-4 已知单位反馈系统的开环传递函数为

$$G(s) = \frac{K}{s(0.1s+1)(s+1)}$$

绘制系统根轨迹图,并求 K 为何值时系统将不稳定。

4－5 已知单位负反馈系统的开环传递函数为

$$G(s) = \frac{k(0.2s+1)}{(0.5s+1)(2s-1)}$$

(1) 绘制 k 从 $0 \to +\infty$ 时的闭环系统根轨迹图;
(2) 确定保证系统稳定,且阶跃响应无超调的 k 值的范围;
(3) 求出在单位阶跃输入作用下,稳态误差可能达到的最小绝对值 e_{ssmin}。

4－6 已知单位负反馈控制系统的开环传递函数为

$$G(s) = \frac{k(s+1.5)}{(s^2 - 3s + 4.5)}$$

(1) 绘制该系统的根轨迹(需给出必要的步骤);
(2) 指明使闭环系统稳定的 k 值的取值范围;
(3) 计算使闭环系统为临界阻尼时的 k 值,记为 k_b;
(4) 计算 $k = k_b$ 且系统输入为单位阶跃信号时,系统的稳态输出值及稳态误差值。

4－7 已知单位反馈系统的开环传递函数为

$$G(s) = \frac{k}{s(s+3)(s+7)}$$

(1) 画出 $0 < k < \infty$ 时的根轨迹;
(2) 确定使系统具有欠阻尼阶跃响应特性的 k 值范围。

第 5 章

线性系统的频域分析法

5.1 知识点归纳

频率响应是应用频率特性研究自动控制系统的一种经典方法。它有着独特的稳定性判据，可根据系统的开环频率特性研究闭环系统的稳定性。频率特性物理意义明确，为应用频率响应法分析系统结构和参数的变化对系统性能的影响提供了基础。频率响应法已在工程上得到广泛的应用，并可推广应用于某些非线性系统的分析。

5.1.1 频率特性

1. 频率特性的定义

频率特性概念指当正弦信号 $x(t) = X\sin \omega t$ 作用于稳定的线性定常系统 $G(s)$ 的输入时，系统的稳态输出是与输入同频率的正弦信号，其幅值和相角都是频率 ω 的函数，即为

$$c(t) = X \mid G(j\omega) \mid \sin [\omega t + \angle G(j\omega)] \tag{5.1}$$

系统的频率特性 $G(j\omega)$ 是系统传递函数 $G(s)$ 的特殊形式。它们之间的关系是 $G(j\omega) = G(s)\mid_{s=j\omega}$。

频率特性是与 ω 有关的复数，通常有三种表达方式：

指数式：

$$G(j\omega) = A(\omega) e^{j\varphi(\omega)} \tag{5.2}$$

三角式：

$$G(j\omega) = A(\omega)\cos \varphi(\omega) + jA(\omega)\sin \varphi(\omega) \tag{5.3}$$

代数式：

$$G(j\omega) = U(\omega) + jV(\omega) \tag{5.4}$$

在式(5.2)~(5.4)中，参数的含义为

实频特性：

$$U(\omega) = A(\omega)\cos \varphi(\omega) \tag{5.5}$$

虚频特性：

$$V(\omega) = A(\omega)\sin \varphi(\omega) \tag{5.6}$$

幅频特性：

$$A(\omega) = \sqrt{U^2(\omega) + V^2(\omega)} \quad (5.7)$$

相频特性：

$$\varphi(\omega) = \arctan \frac{V(\omega)}{U(\omega)} \quad (5.8)$$

它们之间的关系可用图 5.1 表示。

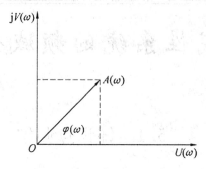

图 5.1　频率特性

2. 频率特性的几何表示法

常用的频率特性曲线有幅相频率特性曲线、对数频率特性曲线和对数幅相曲线三种。

（1）幅相频率特性曲线。幅相频率特性曲线又称奈奎斯特曲线或极坐标图。它以横轴为实轴，纵轴为虚轴构成复数平面。以 ω 为参变量，用复平面上的向量来表示频率特性值 $G(j\omega)$。由于幅频特性为 ω 的偶函数，相频特性为 ω 的奇函数，故 ω 从零变化到 $+\infty$ 和 ω 从零变化到 $-\infty$ 的幅相频率特性曲线关于实轴对称，因此一般只绘制 ω 从零变化到 $+\infty$ 的幅相频率特性曲线。在系统幅相频率特性曲线中，频率 ω 为参变量，一般用小箭头表示 ω 增大时幅相曲线的变化方向。图 5.2 所示为一个 RC 网络的幅相频率特性曲线。

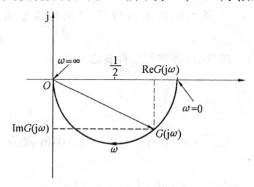

图 5.2　RC 网络的幅相频率特性曲线

（2）对数频率特性曲线。对数频率特性曲线又称伯德曲线或伯德图，它由对数幅频特性曲线和对数相频特性曲线组成。对数频率特性曲线的横坐标为 ω，但常按对数 $\lg \omega$ 分度。对数相频特性曲线的纵坐标表示为 $\varphi(\omega)$，单位为度（°），对数幅频特性曲线纵坐标表示为

$$L(\omega) = 20\lg|G(j\omega)| = 20\lg A(\omega)$$

单位为分贝(dB)。$\varphi(\omega)$ 和 $L(\omega)$ 都是线性分度的。

(3) 对数幅相特性曲线。对数幅相特性曲线又称尼科尔斯曲线或尼科尔斯图。它的纵坐标为 $L(\omega)$，单位为分贝(dB)，横坐标为 $\varphi(\omega)$，单位为度(°)，均为线性分度，频率 ω 为参变量。

5.1.2 典型环节的频率特性

1. 典型环节分类

设系统的开环传递函数为

$$G(s)H(s) = \frac{\sum_{i=0}^{m} b_i s^i}{\sum_{i=0}^{n} a_i s^i} \tag{5.9}$$

$G(s)H(s)$ 为实有理分式，其分子和分母多项式的根只可能是零根、实根和共轭复根。基于根的形式进行因式分解，将因式分为下述八种类型，称为典型环节。

比例环节：$K, K > 0$

惯性环节：$\dfrac{1}{Ts+1}, T > 0$

一阶微分环节：$Ts+1, T > 0$

积分环节：$\dfrac{1}{s}$

微分环节：s

振荡环节：$\dfrac{1}{\left(\dfrac{s}{\omega_n}\right)^2 + 2\xi\left(\dfrac{s}{\omega_n}\right) + 1}, \omega_n > 0, 0 \leqslant \xi < 1$

二阶微分环节：$\left(\dfrac{s}{\omega_n}\right)^2 + 2\xi\left(\dfrac{s}{\omega_n}\right) + 1, \omega_n > 0, 0 \leqslant \xi \leqslant 1$

不稳定环节：上述环节之外的各个环节（$K < 0, T < 0$ 或 $-1 < \zeta < 0$）。

应该强调，不稳定环节这一名称的使用是不合适的，因为这类环节中的各个环节并不都是不稳定的。

由前七种环节构成的系统称为最小相位系统；而含有不稳定环节的系统则称为非最小相位系统。

2. 典型环节的频率特性

典型环节频率特性曲线及特点是绘制系统频率特性的基础。表 5.1 给出了各种典型环节的幅相频率特性曲线和对数频率特性曲线。

表 5.1 典型环节频率特性一览表

传递函数 频率特性曲线	(1) 比例环节 K (2) 不稳定比例环节 $-K(K>0)$ (3) 延迟环节 $e^{-\tau s}$	(1) 积分环节 $\dfrac{1}{s}$ (2) 微分环节 s
幅相频 率特性曲线	(图：以原点为中心的圆，标注 (1)(2)(3)，$\omega=0$，$-K$，-1，O，1，K)	(图：虚轴上标注 (2) 向上，(1) 向下，$\omega=0$)
对数频率 渐进特性曲线	(图：幅频 (1),(2) 水平线；相频 0°、180°，(3)、(2) 曲线)	(图：(1)(2) 斜线交于 $\omega=1$，相频 (2) 90°，(1) $-90°$)
传递函数 频率特性曲线	(1) 惯性环节 $\dfrac{1}{Ts+1}$ (2) 一阶微分环节 $Ts+1$ (3) 不稳定惯性环节 $\dfrac{1}{-Ts+1}$ (4) 不稳定一阶微分环节 $-Ts+1(T>0)$	(1) 振荡环节 $\dfrac{1}{\left(\dfrac{s}{\omega_n}\right)^2+2\xi\left(\dfrac{s}{\omega_n}\right)+1}$ (2) 二阶微分环节 $\left(\dfrac{s}{\omega_n}\right)^2+2\xi\left(\dfrac{s}{\omega_n}\right)+1$ (3) 不稳定振荡环节 $\dfrac{1}{\left(\dfrac{s}{\omega_n}\right)^2-2\xi\left(\dfrac{s}{\omega_n}\right)+1}$ (4) 不稳定二阶微分环节 $\left(\dfrac{s}{\omega_n}\right)^2-2\xi\left(\dfrac{s}{\omega_n}\right)+1(0\leqslant\xi<1)$
幅相频 率特性曲线	(图：过 O 与 1 的圆形轨迹，标注 (1)(2)(3)(4)，$\omega=\infty$，$\omega=0$)	(图：心形曲线，标注 (1)(2)(3)(4)，$\xi=0$，$\omega=0$，$\omega=\infty$)

续表 5.1

传递函数频率特性曲线	(1) 比例环节 K (2) 不稳定比例环节 $-K(K>0)$ (3) 延迟环节 $e^{-\tau s}$	(1) 积分环节 $\dfrac{1}{s}$ (2) 微分环节 s
对数频率渐进特性曲线		

5.1.3 开环频率特性曲线的绘制

1. 开环频率特性曲线的绘制

(1) 概略开环幅相特性曲线应反映开环频率特性的三个重要因素。

① 开环幅相特性曲线的起点($\omega = 0_+$)和终点($\omega = \infty$);

② 开环幅相特性曲线与实轴的交点。

设 $\omega = \omega_x$ 时,如果 $G(j\omega_x)H(j\omega_x)$ 满足

$$\text{Im}[G(j\omega_x)H(j\omega_x)] = 0 \tag{5.10}$$

或

$$\varphi(\omega_x) = \arg G(j\omega_x)H(j\omega_x) = k\pi, \quad k = 0, \pm 1, \pm 2, \cdots \tag{5.11}$$

则称 ω_x 为穿越频率,而开环幅相曲线与实轴的交点坐标值为

$$\text{Re}[G(j\omega_x)H(j\omega_x)] = G(j\omega_x)H(j\omega_x) \tag{5.12}$$

③ 开环幅相曲线的特性范围(象限、单调性)。

(2) 绘制概略开环幅相特性曲线的规律总结如下:

① 开环幅相曲线的起点,取决于比例环节 K 和系统积分或微分环节的个数 v(系统型号):

$v < 0$,起点为无穷远点;

$v = 0$,起点为实轴上的点 K 处(K 为系统开环增益,有正负之分);

$v > 0$,设 $v = 4k + i (k = 0, 1, 2, 3, 4)$,则 $K > 0$ 时起点为 $i \times (-90°)$ 的无穷远处,$K < 0$ 时起点为 $i \times (-90°) - 180°$ 的无穷远处。

② 开环幅相特性曲线的终点取决于开环传递函数分子、分母多项式中最小相位环节和非最小相位环节的阶次和。

设系统开环传递函数的分子、分母多项式的阶次分别为 m 和 n,记除 K 外,分子多项式中最小相位环节的阶次和为 m_1,非最小相位环节的阶次和为 m_2,分母多项式中最小相

位环节的阶次和为 n_1，非最小相位环节的阶次和为 n_2，则有

$$m = m_1 + m_2, \quad n = n_1 + n_2 \tag{5.13}$$

$$\varphi(\infty) = \begin{cases} [(m_1 - m_2) - (n_1 - n_2)] \times 90°, & k > 0 \\ [(m_1 - m_2) - (n_1 - n_2)] \times 90° - 180°, & k < 0 \end{cases} \tag{5.14}$$

特殊地，开环系统为最小相位系统时，若 $n = m$，则 $G(j\infty)H(j\infty) = K(j\infty) = K^*$；若 $n > m$，则 $G(j\infty)H(j\infty) = 0, (n-m) \times (-90°)$，其中 K^* 为系统开环根轨迹增益。

③ 若开环系统存在等幅振荡环节，重数 l 为正整数，即开环传递函数具有以下形式

$$G(s)H(s) = \frac{1}{\left(\dfrac{s^2}{\omega_x^2} + 1\right)^l} G_1(s)H_1(s) \tag{5.15}$$

$G_1(s)H_1(s)$ 不含 $\pm j\omega_n$ 的极点，则当 ω 趋于 ω_n 时，$A(\omega)$ 趋于无穷，而

$$\varphi(\omega_{n_-}) \approx \varphi_1(\omega_n) = \arg G_1(j\omega_n)H_1(j\omega_n) \tag{5.16}$$

$$\varphi(\omega_{n_+}) \approx \varphi_1(\omega_n) - l \times 180° \tag{5.17}$$

即 $\varphi(\omega)$ 在 $\omega = \omega_n$ 附近，相角突变 $-l \times 180°$。

2. 开环对数幅频渐近特性的绘制

根据对数运算特点，将组成开环系统的各典型环节的对数频率特性叠加，即获得系统的开环对数频率特性。

绘制对数幅频渐近特性的一般步骤：

(1) 开环传递函数按典型环节进行分解，并将交接频率按从小到大的顺序排列为 ω_1, $\omega_2, \cdots, \omega_l$，并标注在 ω 轴上。

(2) 绘制 ω_1 左边的低频渐近线，低频渐近线为直线，其斜率为 $-20 \times v\,\mathrm{dB/dec}$，取决于系统微分环节或积分环节的个数。根据下述三种方法确定渐近线上的一点：

① 任选 ω_0 值，则渐近线 $(\omega_0 < \omega_1)$ 或其延长线 $(\omega_0 > \omega_1)$ 过点 $\left(\omega_0, 20\lg\dfrac{|K|}{\omega_0^v}\right)$；

② 渐近线或其延长线在 $\omega = 1$ 处的值 $L(1) = 20\lg|K|$；

③ 渐近线或其延长线与零分贝线的交点为 $\omega = |K|^{1/v}$。

(3) 自 $\left(\omega_1, 20\lg\dfrac{|K|}{\omega_1^v}\right)$ 点起，渐近线斜率发生变化，斜率变化的数值取决于 ω_1 对应的典型环节的种类，变化情况见表 5.2。同样，在后面的各交接频率处，渐近线斜率都相应地改变。每两个相邻交接频率间，渐近线为一直线。

表 5.2 渐近线斜率在交接频率处的变化

交接频率对应的典型环节	频率的变化
惯性环节	减小 20 dB/dec
振荡环节	减小 40 dB/dec
一阶微环节	增大 20 dB/dec
二阶微环节	增大 40 dB/dec

表 5.2 中未列的不稳定环节，其交接频率处渐近线频率的变化情况与相应的表中环

节相同。

根据误差曲线求得各典型环节的修正量,加到渐近线特性曲线上,并通过各修正点作光滑曲线,便可获得系统开环对数幅频特性曲线。

5.1.4 频率域稳定性判据

1. 奈奎斯特稳定判据

反馈控制系统闭环极点在 s 的右半平面的个数

$$Z = P - 2N \tag{5.18}$$

其中,P 为 s 的右半平面中系统的开环极点数;N 为开环幅相频率特性曲线($\omega \in [0, +\infty)$)逆时针包围$(-1, j0)$点的圈数。

应注意以下几点:

(1) 判据中的 s 的右半平面是开右半平面,不包括虚轴。

(2) 若开环幅相频率特性曲线正好通过$(-1, j0)$点,则闭环系统存在虚轴上的极点,计算 N 时不视为一次包围。如果求得 $Z=0$,则闭环系统临界稳定;如果 $Z>0$,应作具体分析。

(3) 开环幅相频率特性曲线会同时存在既有逆时针包围又有顺时针包围$(-1, j0)$点的情况。所谓逆时针包围$(-1, j0)$点的圈数指的是逆时针包围和顺时针包围圈数的代数和,而 $N>0$ 表示逆时针包围 N 圈,$N<0$ 表示顺时针包围 N 圈。

(4) 由于开环幅相频率特性曲线包围$(-1, j0)$点圈数是复平面上 $1+G(j\omega)H(j\omega)[\omega \in (-\infty, +\infty)]$ 包围原点圈数范围内,故当曲线 $1+G(j\omega)H(j\omega)[\omega \in (-\infty, +\infty)]$ 包围原点的圈数为奇数时,开环幅相曲线将会产生半次包围$(-1, j0)$点的情况。图 5.3 给出了可能出现的各种半次穿越。

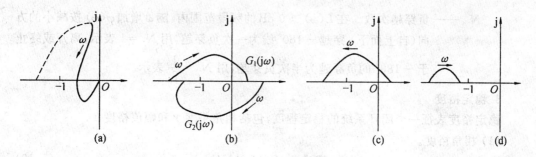

图 5.3 半次穿越现象

(5) 逆时针包围和顺时针包围同时存在,常常给 N 的计算带来困难,下面给出的是通过确定开环幅相频率特性曲线在$(-1, j0)$点左侧实轴上的穿越次数而获得 N 的方法。

① 负穿越:随着 ω 的增大,开环幅相频率特性曲线顺时针穿越$(-1, j0)$点左侧的负实轴,记一次负穿越,如图 5.4(a)、(b) 所示。

② 正穿越:随着 ω 的增大,开环幅相频率特性曲线逆时针穿越$(-1, j0)$点左侧的负实轴,记一次正穿越,如图 5.4(c) 所示。

③ 半次穿越:开环幅相频率特性曲线起始于(终止于)$(-1, j0)$点左侧的负实轴,若沿

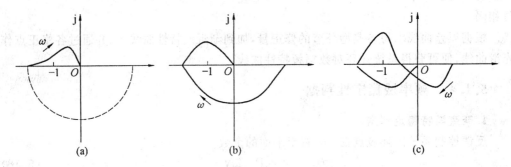

图 5.4　开环幅相频率特性曲线的正负穿越

逆时针方向离开（或终止于）负实轴，记为半次正穿越，如图 5.3(c) 所示；若沿顺时针方向离开（或终止于）负实轴，则记为半次负穿越，如图 5.3(a)、(b) 所示。半次穿越次数为 $\frac{1}{2}$。

若用 N_+ 表示正穿越次数与正半次穿越的和，用 N_- 表示负穿越次数与负半次穿越的和，则开环幅相特性曲线包围（-1,j0）点的圈数为 $N = N_+ - N_-$。

2. 对数频率稳定判据

对数频率稳定判据是基于开环对数频率特性曲线判断闭环系统稳定性的一种方法，与奈奎斯特判据本质上是一样的。在确定 N 时，对数稳定判据采用公式

$$N = N_+ - N_-$$

式中　N_+ ——正穿越次数，在 $L(\omega) > 0$ dB 的频段范围内，随 ω 增加 $\varphi(\omega)$ 按增大的方向（自下而上）穿越 $-180°$ 线为一次正穿越，用 $N_+ = 1$ 表示；离开或终止于 $-180°$ 的正穿越为半次正穿越，用 $N_+ = \frac{1}{2}$ 表示。

N_- ——负穿越次数。在 $L(\omega) > 0$ dB 的频段范围内，随 ω 增加 $\varphi(\omega)$ 按减小的方向（自上而下）穿越 $-180°$ 线为一次负穿越，用 $N_- = 1$ 表示；离开或终止于 $-180°$ 的负穿越为半次负穿越，用 $N_- = \frac{1}{2}$ 表示。

3. 稳定裕度

稳定裕度表征一个闭环系统的稳定程度，包括相角裕度 γ 和幅值裕度 h。

(1) 相角裕度。

$$\gamma = 180° + \angle G(j\omega_c)H(j\omega_c) \tag{5.19}$$

式中，ω_c 为截止频率，是 $L(\omega)$ 与 0 dB 线相交处的频率，也是幅相频率特性曲线 $G(j\omega)$ 与单位元交点处的频率。

(2) 幅值裕度。

$$h = \frac{1}{|G(j\omega_x)H(j\omega_x)|} \tag{5.20}$$

或

$$h_{dB} = 20\lg h = -20\lg|G(j\omega_x)H(j\omega_x)|$$

式中，ω_x 为相角交界频率，是 $\varphi(\omega)$ 与 $-180°$ 线交点处的频率。图 5.5 给出了稳定裕度的

图形表示。

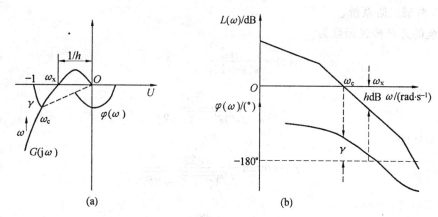

图 5.5 稳定裕度的图形表示

5.1.5 频域指标与时域指标之间的关系

1. 根据开环频率响应确定时域指标

(1) 低频段。

一般地,斜率为 20 dB/dec,开环增益 K 为稳态误差。

(2) 二阶系统开环频率特性与时域指标。

$$G(s)H(s) = \frac{\omega_n^2}{s(s+2\xi\omega_n)} \tag{5.21}$$

相角裕度 $\gamma = \arctan \dfrac{2\xi}{\sqrt{\sqrt{4\xi^4+1}-2\xi^2}}$,$\gamma$ 由 ξ 完全决定。同时还有

$$\sigma\% = e^{-\frac{\xi\pi}{\sqrt{1-\xi^2}}} \times 100\% \tag{5.22}$$

$$\omega_c = \omega_n\sqrt{\sqrt{4\xi^4+1}-2\xi^2}, \quad \omega_c t_p = \pi f(\xi) \tag{5.23}$$

$$M_r = \frac{\tan^2\gamma + 2}{\tan^2\gamma} \tag{5.24}$$

(3) 高阶系统开环频率响应与时域指标经验公式。

$$M_r \approx \frac{1}{\sin\gamma}, \quad 1 \leqslant M_r \leqslant 1.8 \tag{5.25}$$

$$\sigma\% = 0.16 + 0.4(M_r - 1), \quad 1 \leqslant M_r \leqslant 1.8 \tag{5.26}$$

$$t_s = \frac{\pi}{\omega_c}[2 + 1.5(M_r - 1) + 2.5(M_r - 1)^2], \quad 1 \leqslant M_r \leqslant 1.8 \tag{5.27}$$

2. 闭环频域性能指标

(1) 谐振峰值 M_r:闭环幅频特性的最大值。峰值大,意味着阻尼比较小,平稳性差。对应 M_r 的频率 ω_r 为谐振频率。

(2) 带宽频率 ω_b:是指闭环幅频特性 $M(\omega)$ 的数值衰减到 $0.707M_0$ 时所对应的频率。ω_b 高,表示系统的快速性好。

(3) 零频值 M_0:是指频率等于零时的闭环幅值,即 $M_0 = 20\lg|\varphi(j0)|$。

3. 系统频率指标的计算

(1) 典型二阶系统。

系统的开环传递函数为

$$G(s) = \frac{\omega_n^2}{s(s+2\xi\omega_n)}, \quad \xi > 0 \tag{5.28}$$

截止频率：

$$\omega_c = \omega_n \sqrt{\sqrt{4\xi^4 + 1} - 2\xi^2} \tag{5.29}$$

相角裕度：

$$\gamma = \arctan \frac{2\xi}{\sqrt{\sqrt{4\xi^4 + 1} - 2\xi^2}} \tag{5.30}$$

幅值裕度：$+\infty$

带宽频率：

$$\omega_b = \omega_n \sqrt{(1-2\xi^2) + \sqrt{2-4\xi^2+4\xi^4}} \tag{5.31}$$

谐振频率：

$$\omega_r = \omega_n \sqrt{1-2\xi^2}, \quad 0 < \xi < 0.707 \tag{5.32}$$

谐振峰值：

$$M_r = \frac{1}{2\xi\sqrt{1-\xi^2}}, \quad 0 < \xi < 0.707 \tag{5.33}$$

(2) 高阶系统。

对于高阶系统，一般采用图解法来确定相角裕度 γ 和幅值裕度 h 的值。谐振峰值 M_r 一般采用以下经验公式来确定

$$M_r \approx \frac{1}{\sin \gamma} \tag{5.34}$$

4. 频率指标和时域指标的转换

(1) 典型二阶系统。

超调量：

$$\sigma\% = e^{-\pi\sqrt{\frac{M_r - \sqrt{M_r^2-1}}{M_r + \sqrt{M_r^2-1}}}} \times 100\% \tag{5.35}$$

(2) 高阶系统。

超调量：

$$\sigma\% = 0.16 + 0.4(M_r - 1), \quad 1 \leq M_r \leq 1.8 \tag{5.36}$$

调节时间：

$$t_s = \frac{K_0 \pi}{\omega_c}, \quad K_0 = 2 + 1.5(M_r - 1) + 2.5(M_r - 1)^2, \quad 1 \leq M_r \leq 1.8 \tag{5.37}$$

5.2 典型例题

例 5－1 某 0 型单位负反馈控制系统，系统开环传递函数为

$$G(s) = \frac{K}{(T_1 s + 1)(T_2 s + 1)}$$

试绘制系统的开环幅相频率特性曲线。

解
$$G(j\omega) = \frac{K}{(T_1 j\omega + 1)(T_2 j\omega + 1)}$$

当 $\omega = 0$ 时 $\qquad G(j0) = K \angle 0°$

当 $\omega = \infty$ 时 $\qquad G(j\infty) = 0 \angle 180°$

系统的开环幅相频率特性曲线如图 5.6 所示。

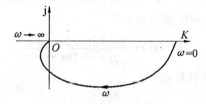

图 5.6 例 5-1 开环幅相频率特性曲线

例 5-2 某单位负反馈控制系统开环传递函数为

$$G(s) = \frac{K}{s(T_1 s + 1)(T_2 s + 1)}$$

试绘制系统的开环幅相频率特性曲线。

解
$$G(j\omega) = \frac{K}{j\omega(T_1 j\omega + 1)(T_2 j\omega + 1)}$$

当 $\omega = 0$ 时 $\qquad G(j0) = K \angle \infty - 90°$

当 $\omega = \infty$ 时 $\qquad G(j\infty) = 0 \angle -270°$

系统的开环幅相频率特性曲线如图 5.7 所示。

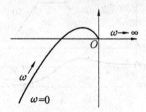

图 5.7 例 5-2 开环幅相频率特性曲线

例 5-3 某单位负反馈控制系统开环传递函数为

$$G(s) = \frac{K(\tau_1 s + 1)}{(T_1 s + 1)(T_2 s + 1)(T_3 s + 1)}$$

试绘制系统的开环幅相频率特性曲线。

解
$$G(j\omega) = \frac{K(j\omega \tau_1 + 1)}{(j\omega T_1 + 1)(j\omega T_2 + 1)(j\omega T_3 + 1)}$$

当 $\omega = 0$ 时 $\qquad G(j0) = K \angle 0°$

当 $\omega = \infty$ 时　　$G(j\infty) = 0\angle(90° - 270°) = 0\angle -180°$

取 T_1、T_2 大于 τ_1，$\tau_1 > T_3$ 时，系统的开环幅相频率特性曲线如图 5.8 所示。

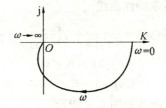

图 5.8　例 5－3 开环幅相频率特征曲线

例 5－4　已知系统开环传递函数为

$$G(s)H(s) = \frac{75(0.2s + 1)}{s(s^2 + 16s + 100)}$$

试绘制系统的开环对数频率特性曲线。

解　化标准形式为

$$G(s)H(s) = \frac{0.75(0.2s + 1) \times 100}{s(s^2 + 16s + 100)}$$

所以

$$K = 0.75, \quad 20\lg K = 20\lg 0.75$$

转折频率为

$$\omega_1 = 5, \quad \omega_2 = 10$$

综上，画出伯德图如图 5.9 所示。

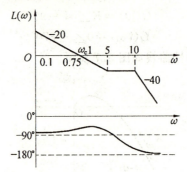

图 5.9　例 5－4 伯德图

例 5－5　已知单位负反馈系统方框图如图 5.10 所示，试作出系统的开环伯德图。

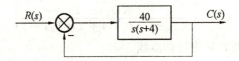

图 5.10　例 5－5 系统方框图

解　(1) 开环传递函数为

$$G(s)=\frac{40}{s(s+4)}=\frac{40/4}{s\left(\frac{1}{4}s+1\right)}=\frac{10}{s\left(\frac{1}{4}s+1\right)}=\frac{K}{s(Ts+1)}$$

所以开环增益 $K=10$

转折频率

$$\omega_1=\frac{1}{T}=4 \text{ s}^{-1}, \quad 20\lg K=20 \text{ dB}$$

开环伯德图如图 5.11 所示。

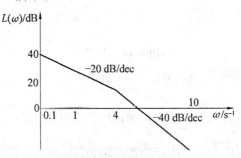

图 5.11 开环伯德图

(2) 作对数相频特性曲线：

$$\varphi(\omega)=\varphi_1(\omega)+\varphi_2(\omega)+\varphi_3(\omega)=0°+(-90°)+(-\arctan \omega T)$$

对数相频特性曲线如图 5.12 所示。

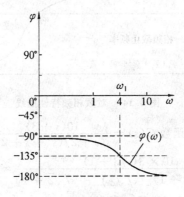

图 5.12 对数相频特性曲线

例 5-6 已知一单位负反馈系统开环传递函数为

$$G(s)=\frac{200(s+1)}{s(s+0.2)(s^2+4s+100)}$$

试作系统开环对数幅频 $L(\omega)$ 和相频 $\varphi(\omega)$ 特性曲线。

解 (1)

$$G(s)=\frac{200(s+1)}{0.2\times100s(5s+1)(0.01s^2+0.04s+1)}$$

$$K=10, \quad 20\lg K=20 \text{ dB}$$

$$\omega_1=0.2, \quad \omega_2=1, \quad \omega_3=\omega_n=10, \quad \xi=0.2$$

绘出伯德图如图 5.13 所示。

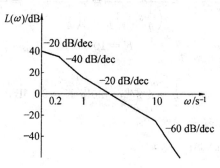

图 5.13 伯德图

(2) 作对数相频特性曲线如图 5.14 所示。

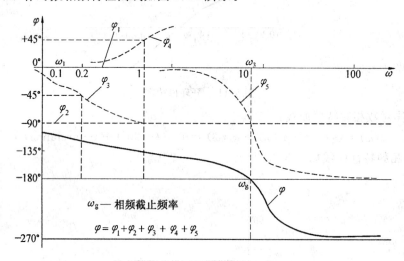

图 5.14 对数相频特性曲线

例 5—7 试绘制传递函数 $G(s) = \dfrac{10(s+3)}{s(s+2)(s^2+s+2)}$ 的对数幅频特性曲线。

解 $G(s) = \dfrac{10 \times 3(s/3+1)}{2 \times 2s(s/2+1)[(s/\sqrt{2})^2 + s/\sqrt{2} + 1]} =$

$\dfrac{7.5(s/3+1)}{s(s/2+1)[(s/\sqrt{2})^2 + s/\sqrt{2} + 1]}$

$K = 7.5,\ \dfrac{1}{s},\ \left(\dfrac{s}{3}+1\right),\ \dfrac{1}{(s/2+1)},\ \dfrac{1}{(s/2+1)^2 + 2 \times 0.35 s/\sqrt{2} + 1}$

$20\log K = 20\log 7.5 = 17.5$ dB

转折频率为

$\dfrac{1}{(j\omega/\sqrt{2})^2 + 2 \times 0.35 j\omega/\sqrt{2} + 1},\quad \omega_1 = \sqrt{2}\ (\text{rad/s})$

$\dfrac{1}{\dfrac{j\omega}{2}+1},\quad \omega_2 = 2\ \text{rad/s},\quad \dfrac{j\omega}{3}+1,\quad \omega_3 = 3\ \text{rad/s}$

对数幅频特性曲线如图 5.15 所示。

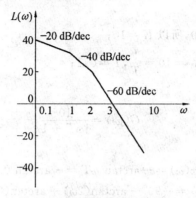

图 5.15 对数幅频特性曲线

例 5－8 某系统开环对数频率特性曲线如图 5.16 所示，试判断闭环系统的稳定性。

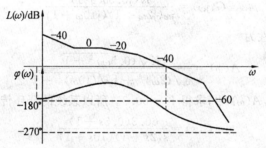

图 5.16 开环对数频率特性曲线

解 由图可知，$P=0$，$v=2$，故图中对数相频特性低频段曲线上向上增补 $2 \times 90°$ 的垂线，该垂线与原对数相频特性曲线构成 $\varphi(\omega)$。

当 $\omega > \omega_c$ 时，有 $L(\omega) > 0$，且在此区段内，$\varphi(\omega)$ 由上向下穿越一次，$N_+ = 0$，$N_- = 1$，不满足 $N_+ - N_- = \dfrac{P}{2}$ 的稳定条件，所以系统闭环不稳定。

例 5－9 已知最小相位系统对数幅频特性曲线如图 5.17 所示，求它的对数相频特性。

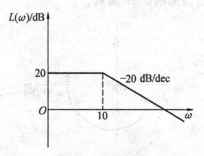

图 5.17 对数相频特性曲线

解 根据如图 5.17 所示的对数幅频特性图可知,系统由一个比例环节和一个惯性环节构成。

比例环节:$20\lg K = 20$,所以 $K = 10$;

惯性环节:转折频率 $\omega_T = 10 = \dfrac{1}{T}$,$T = 0.1$;

则系统的频率特性为

$$G(j\omega) = \dfrac{10}{j\omega T + 1}$$

系统的相频特性为

$$\varphi(\omega) = -\arctan \omega T = -\arctan 0.1\omega$$

例 5-10 已知 $\varphi(\omega) = -90° - \arctan(2\omega) + \arctan(0.5\omega) - \arctan(10\omega)$,$A(1) = 3$,求最小相位系统的开环传递函数。

解 由开环相频特性可知,系统的开环频率特性为

$$G(j\omega) = \dfrac{K(j0.5\omega + 1)}{j\omega(j2\omega + 1)(j10\omega + 1)}$$

由此求得幅频特性为

$$A(\omega) = \dfrac{K\sqrt{(0.5\omega)^2 + 1}}{\omega\sqrt{(2\omega)^2 + 1}\sqrt{(10\omega)^2 + 1}}$$

将 $A(1) = 3$ 代入 $A(\omega)$ 中,求得 $K = 60.3$。所以系统的开环传递函数为

$$G(s) = \dfrac{60.3(0.5s + 1)}{s(2s + 1)(10s + 1)}$$

例 5-11 设系统的开环传递函数为

$$G(s)H(s) = \dfrac{2}{(s + 1)(3s + 1)}$$

判断系统闭环稳定性。

解 当 $\omega = 0$ 时

$$[G(j\omega)H(j\omega)] = 2, \quad \angle G(j\omega)H(j\omega) = 0$$

当 $\omega = \infty$ 时

$$[G(j\omega)H(j\omega)] = 0, \quad \angle G(j\omega)H(j\omega) = -180°$$

其开环幅相频率特性曲线如图 5.18 所示。

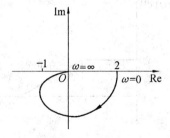

图 5.18 开环幅相频率特性曲线

由于 $G(s)H(s)$ 在 $[s]$ 的右半平面上无极点,故 $P = 0$,且 $G(j\omega)H(j\omega)$ 不包围 $(-1, j0)$

点,所以,系统闭环是稳定的。

例 5－12 已知系统的开环传递函数为

$$G(s)H(s) = \frac{5}{s(2s+1)(3s+1)}$$

试分析系统闭环稳定性。

解 开环传递函数 $G(s)H(s)$ 在 $[s]$ 平面的右半平面无极点,即 $P=0$;$G(s)H(s)$ 中含有一个积分环节,即 $v=1$。

先绘制出 $G_1(j\omega) = \dfrac{5}{(j2\omega+1)(j3\omega+1)}$ 的极坐标图,如图 5.19 所示。

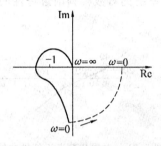

图 5.19 极坐标图

然后在此极坐标图上从 $\omega=0_+$ 开始,逆时针画一个半径为无穷大至 $\omega=0$ 的圆弧。根据奈奎斯特稳定判据,该系统闭环不稳定。

例 5－13 已知最小相位系统的对数幅频渐近特性如图 5.20 所示,试确定系统的开环传递函数。

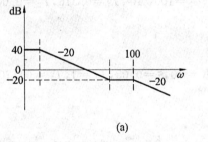
(a)

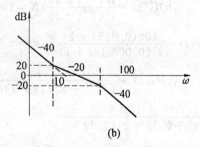
(b)

图 5.20 对数幅频渐近特性曲线

解 (a) $G(s) = \dfrac{K(T_2 s+1)}{(T_1 s+1)(T_3 s+1)}$;$\left(\dfrac{\omega_2}{\omega_1}=1\,000, \dfrac{\omega_2}{\omega_1}=3\dfrac{\omega_3}{\omega_2}\right)$;$K=100, T_1=100$,

$T_2=0.1, T_3=0.01$;$G(s) = \dfrac{100(0.1s+1)}{(100s+1)(0.01s+1)}$。

(b) $G(s) = \dfrac{K(T_1 s+1)}{s^2(T_2 s+1)}$;$K=100, \omega_1=\sqrt{10}$;$\omega_2=100\sqrt{10}, T_1=0.316, T_2=0.003\,16$;

$G(s) = \dfrac{100(0.316s+1)}{s^2(0.00316s+1)}$。

例 5－14 对于典型二阶系统,已知 $\sigma\% = 15\%, t_s = 3$ s,试计算剪切频率 ω_c 和相角裕度 γ。

解 $\sigma\% = \exp[-\xi\pi/(1-\xi^2)^{1/2}] = 0.15$, $\xi = 0.517$; $t_s = 3/(\xi\omega_n) = 3$, $\omega_n = 1.934$
典型二阶系统的开环传递函数为

$$G(s) = \frac{\omega_n^2}{s(s+2\xi\omega_n)}$$

$$|G(j\omega_c)| = 1, \left(\frac{\omega_c}{\omega_n}\right)^4 + 4\xi^2\left(\frac{\omega_c}{\omega_n}\right)^2 - 1 = 0$$

$$\omega_c = \omega_n(\sqrt{4\zeta^4+1}-2\xi^2)^{1/2}, \quad \gamma = \arctan\{2\xi(\sqrt{4\xi^4+1}+2\xi^2)^{1/2}\}$$

$$\omega_c = 1.497, \quad \gamma = 53.18°$$

例 5-15 已知最小相位系统的对数幅频渐近特性曲线如图 5.21 所示,试确定系统的开环传递函数。

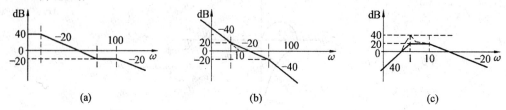

图 5.21 对数幅频渐近特性曲线

解 (a) $G(s) = \frac{K(T_2s+1)}{(T_1s+1)(T_3s+1)}$; $(\frac{\omega_2}{\omega_1} = 1000, \frac{\omega_2}{\omega_1} = 3\frac{\omega_3}{\omega_2})$; $K = 100, T_2 = 0.1$, $T_3 = 0.01, T_1 = 100$; $G(s) = \frac{100(0.1s+1)}{(100s+1)(0.01s+1)}$。

(b) $G(s) = \frac{K(T_1s+1)}{s^2(T_2s+1)}$; $K = 100, \omega_1 = \sqrt{10}, \omega_2 = 100\sqrt{10}, T_1 = 0.316, T_2 = 0.00316$; $G(s) = \frac{100(0.316s+1)}{s^2(0.00316s+1)}$。

(c) $G(s) = \frac{Ks^2}{(T_1^2s^2+2\xi T_1s+1)(T_2s+1)}$; $K = 10, \xi = 0.05, T_1 = 1, T_2 = 0.1$; $G(s) = \frac{10s^2}{(s^2+0.1s+1)(0.1s+1)}$。

例 5-16 若单位反馈系统的传递函数为 $G(s) = \frac{Ke^{-0.8s}}{s+1}$,试确定系统稳定时的 K 值范围。

解 计算临界点,$\angle G(j\omega_c) = -0.8\omega_c - \arctan\omega_c = -\pi$, $|G(j\omega_c)| = K_c/(1+\omega_c^2)^{1/2} = 1$; $\omega_c = 2.44822, K_c = 2.64458$;使闭环系统稳定的 K 值范围为 $0 < K < 2.64$。

5.3 练 习 题

5-1 试绘制具有下列开环传递函数的各系统的开环幅相频率特性曲线和开环对数频率特性曲线。

(1) $G(s) = \frac{1}{s(0.1s+1)}$;

(2) $G(s) = \dfrac{100}{s(0.02s+1)(0.2s+1)}$；

(3) $G(s) = \dfrac{10s+1}{3s+1}$；

(4) $G(s) = \dfrac{50(0.6s+1)}{s^2(4s+1)}$。

5-2 已知电路如图 5.22 所示。求系统的传递函数，并绘制出系统的对数频率特性渐近线。

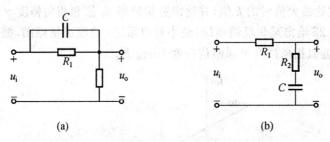

图 5.22 练习题 5-2 图

5-3 试绘制下列开环传递函数的开环对数幅频特性渐近线，并计算穿越频率 ω_c。

(1) $G(s) = \dfrac{100}{s^2(s+1)(10s+1)}$； (2) $G(s) = \dfrac{8(10s+1)}{s(s+1)(0.5s+1)}$。

5-4 已知负反馈控制系统的开环幅相频率特性曲线如图 5.23 所示。设开环增益为 50，且没有开环不稳定极点，试计算使闭环系统稳定的 K 值范围。

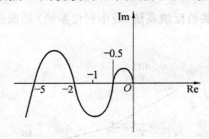

图 5.23 练习题 5-4 图

5-5 单位反馈控制系统开环传递函数为

$$G(s) = \dfrac{K}{s(s+1)(s+10)}$$

求 $K = 10$ 和 $K = 100$ 时，系统的相位裕量和幅值裕量，并判别系统闭环稳定性。

5-6 试绘出传递函数 $G(s) = \dfrac{6}{s(s+4)}$ 对应的幅相频率特性和对数频率特性曲线图。

5-7 试绘出传递函数 $G(4) = 10(0.1s \pm 1)$ 对应的幅相频率特性和对数频率特性曲线图。

5-8 控制系统的传递函数框图如图 5.24 所示。试计算相位裕量 $\gamma = 40°$ 时的 T 值和系统闭环幅频特性的谐振峰值 M_r。

5-9 已知负反馈系统的开环传递函数为

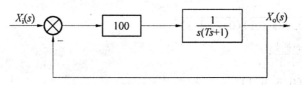

图 5.24 练习题 5-8 图

$$G(s)H(s) = \frac{k(T_1+1)}{s^2(T_2+1)} \quad (T_1 > T_2 > 0)$$

求使系统相角裕度达最大值时的 k 值,并给出剪切频率 ω_c 值和相角裕度 γ 值。

5-10 图 5.25 给出某负反馈系统(最小相位系统)的渐进幅频图,据图求出该系统的开环传递函数、近似相角裕度 γ 和幅值裕度 $20\log K_g$。

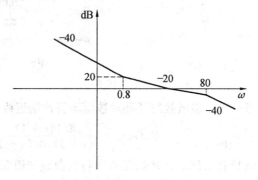

图 5.25 负反馈系统的渐进幅频图

5-11 图 5.26 给出某负反馈系统(最小相位系统)的渐进幅频图,据图求出该系统的开环传递函数。

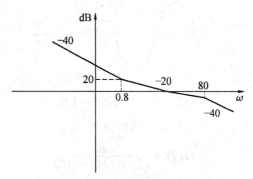

图 5.26 负反馈系统的渐进幅频图

5-12 近似计算题 5-11 中相角裕度 γ 和幅值裕度 $20\log K_g$。

参考文献

[1] 胡寿松.自动控制原理[M].6版.北京:科学出版社,2013.
[2] 李友善.自动控制原理[M].3版.北京:国防工业出版社,2005.
[3] 王建辉,顾树生.自动控制原理[M].2版.北京:清华大学出版社,2014.
[4] 田思庆,周经国,王鸥.自动控制原理[M].北京:水利水电出版社,2013.
[5] 胡寿松.自动控制原理题海与考研指导[M].2版.北京:科学出版社,2013.
[6] 胡寿松.自动控制原理习题解析[M].2版.北京:科学出版社,2013.
[7] FRANKLIN G F.自动控制原理与设计[M].6版.李中华,改编.北京:电子工业出版社,2013.
[8] 刘胜.自动控制原理[M].北京:国防工业出版社,2012.
[9] 黄家英.自动控制原理[M].北京:高等教育出版社,2012.
[10] 李书臣.自动控制原理知识要点及典型习题详解[M].北京:国防工业出版社,2011.
[11] 程鹏.自动控制原理(第二版)学习辅导与习题解答[M].北京:高等教育出版社,2011.
[12] 孟浩,刘东星.自动控制原理(第五版)同步辅导及习题全解[M].北京:水利水电出版社,2011.
[13] 张建民.自动控制原理[M].北京:高等教育出版社,2010.
[14] 王建辉.自动控制原理习题详解[M].北京:清华大学出版社,2010.

读者反馈表

尊敬的读者：

您好！感谢您多年来对哈尔滨工业大学出版社的支持与厚爱！为了更好地满足您的需要，提供更好的服务，希望您对本书提出宝贵意见，将下表填好后，寄回我社或登录我社网站（http://hitpress.hit.edu.cn）进行填写。谢谢！您可享有的权益：

☆ 免费获得我社的最新图书书目　　　　☆ 可参加不定期的促销活动

☆ 解答阅读中遇到的问题　　　　　　　☆ 购买此系列图书可优惠

读者信息

姓名_____　□先生　□女士　　年龄_____　学历_____

工作单位_____　职务_____

E-mail_____　邮编_____

通讯地址_____

购书名称_____　购书地点_____

---

1. 您对本书的评价

   内容质量　□很好　　□较好　　□一般　　□较差
   封面设计　□很好　　□一般　　□较差
   编排　　　□利于阅读　□一般　□较差
   本书定价　□偏高　　□合适　　□偏低

2. 在您获取专业知识和专业信息的主要渠道中，排在前三位的是：
   ①_____　②_____　③_____
   A. 网络　B. 期刊　C. 图书　D. 报纸　E. 电视　F. 会议　G. 内部交流　H. 其他：_____

3. 您认为编写最好的专业图书（国内外）

书名	著作者	出版社	出版日期	定价

4. 您是否愿意与我们合作，参与编写、编译、翻译图书？
   _____

5. 您还需要阅读哪些图书？

网址：http://hitpress.hit.edu.cn
技术支持与课件下载：网站课件下载区
服务邮箱　wenbinzh@hit.edu.cn　　duyanwell@163.com
邮购电话　0451 - 86281013　　0451 - 86418760
组稿编辑及联系方式　赵文斌（0451 - 86281226）　杜燕（0451 - 86281408）
回寄地址：黑龙江省哈尔滨市南岗区复华四道街10号　哈尔滨工业大学出版社
邮编：150006　传真 0451 - 86414049